BIBLIOTHÈQUE MORALE

DE

LA JEUNESSE

—

2e SÉRIE IN-8o CARRÉ.

Décoration du drapeau du 2e de zouaves.

NOS

DRAPEAUX DÉCORÉS

PAR

FR. DESPLANTES

Officier de l'Instruction publique

AVEC GRAVURES DANS LE TEXTE

ROUEN

MÉGARD ET Cie, LIBRAIRES-ÉDITEURS

1894

NOS
DRAPEAUX DÉCORÉS.

I.

Les neuf drapeaux de l'armée française décorés de la Légion d'honneur.

Lorsque la Fête nationale du 14 juillet, décrétée par la République française, fut célébrée le 14 juillet 1880 pour la première fois, après nos désastres de 1870, une distribution solennelle de nouveaux drapeaux fut faite à notre armée sur l'hippodrome de Longchamps, pendant la revue des troupes passée en présence du Président de la République.

« La solennité fut superbe, écrivait à ce sujet un témoin oculaire de cette grandiose et patriotique fête militaire. Près d'un million de personnes se pressaient dans l'immense hippodrome de Longchamps et saluaient les oriflammes que la France confiait à la bravoure de ses soldats. La foule acclamait le défilé des bataillons, et, des quatre coins de l'horizon, ces acclamations se mêlaient aux retentissants accents des trompettes. Les commandements des colonels se perdaient dans l'universel enthousiasme d'une nation. La revue du 14 juillet 1880 fut, selon une éloquente expression, « l'union des cœurs de tous les « citoyens dans le grand cœur de la patrie ! »

« De cette revue, ce dont je me souviens surtout, c'est des applaudissements qui éclatèrent quand on aperçut les drapeaux décorés. »

Les jeunes lecteurs de ce petit volume ne seront point surpris de cet enthousiasme patriotique à la vue des glorieux étendards, à la cravate desquels la croix d'honneur attestait l'héroïque valeur des braves prédécesseurs des soldats qui défilaient martialement devant la foule. Ils auraient, eux aussi, ressenti et fièrement partagé cet enthousiasme, s'il leur avait été donné d'assister ce jour-là au défilé qui s'effectuait devant la tribune du haut de laquelle le gouvernement entier de la France — ainsi que tous les assistants — saluait respectueusement chaque drapeau à mesure qu'il se présentait. Ils auraient d'autant mieux été secoués par le frisson patriotique qui parcourait la foule, qu'ils savent tous ce qu'est pour le régiment le drapeau, ce drapeau dont ils voient flotter les trois couleurs sur les édifices publics et qui apparaît gaiement à toutes les fenêtres aux jours de réjouissances.

Pour tous les Français le drapeau représente la patrie, mais surtout pour nos braves soldats. Qu'ils aient à combattre sur le sol même de la France pour défendre le territoire, ou qu'ils soient envoyés dans des contrées lointaines pour sauvegarder nos intérêts et soutenir l'honneur national, partout où se montre le glorieux étendard, les trois morceaux de soie qui le composent acquièrent à leurs yeux une valeur inappréciable, car ils sont l'image même du pays, pour lequel ils se sacrifient et se dévouent.

Depuis 1792, où la *France en danger* s'est soulevée en masse pour repousser l'invasion étrangère, jusqu'à nos jours, les traits de dévouement et d'héroïsme de nos soldats ont toujours et sans interruption été nombreux et admirables. Parfois même, tous les combattants d'un même régiment se sont montrés tellement héroïques, que, ne pouvant les récompenser tous individuellement, on a décoré le régiment tout entier en attachant solennellement la croix de la Légion d'honneur au sommet de la hampe du drapeau témoin de leur intrépide courage. Mais cette glorieuse récompense n'est point prodiguée aux étendards ; elle ne s'obtient pas aisément ; car, quelque vaillance qu'ait montrée le régiment pendant le combat, il lui faut encore, pour la mériter, avoir rapporté du champ de bataille un drapeau de l'ennemi.

Les étendards de neuf de nos régiments sont ainsi décorés : trois ont reçu les insignes de la Légion d'honneur à la suite de la guerre d'Italie, cinq pendant l'expédition du Mexique ; un enfin, le neuvième, mérita cet honneur à la sanglante bataille de Rezonville, livrée sous Metz le 16 août 1870.

Nous allons successivement consacrer un cha-

Épisode de la bataille de Magenta.

pitre à chacun des faits d'armes qui valurent cette enviable distinction aux drapeaux des neuf héroïques régiments, justement fiers de montrer leurs étendards surmontés des insignes de la Légion d'honneur. Mais, avant de faire connaître tous les détails de ces glorieuses actions, nous allons laisser un instant la parole à l'un de nos plus éminents publicistes, qui naguère, avec son talent habituel, a présenté au public nos régiments décorés en quelques lignes émues d'un ardent et sincère patriotisme. Cette présentation est la meilleure introduction que nous puissions donner à ce petit volume.

Le *2e régiment de zouaves*, dit le publiciste en question, à qui nous empruntons tout ce qui suit, eut le premier cet honneur (d'avoir son drapeau décoré), et voici dans quelles circonstances :

Le 4 juin 1859, quelques instants avant que le 2e corps eût attaqué Magenta, les Autrichiens tentèrent de séparer l'une de l'autre les deux divisions commandées par le maréchal de Mac-Mahon. Déjà deux pièces de canon étaient en leur pouvoir, quand le 2e régiment de zouaves se jeta dans la mêlée. « Sac à terre ! à la baïonnette ! »

crièrent les chefs. Le combat s'engagea à l'arme blanche, et le zouave Daurière s'empara d'un drapeau autrichien, qui figure aujourd'hui à l'hôtel des Invalides.

C'est le 19 juin que le drapeau du 2e régiment de zouaves fut décoré pour cet exploit glorieux ; il porte sur ses plis les noms de batailles suivants : « Laghouat, 1852 ; Sébastopol, 1854-1855 ; Magenta, 1859 ; Puebla, 1863. »

Quelques jours après l'acte d'héroïsme du zouave Daurière, le 24 juin 1859, le *10e bataillon de chasseurs à pied* enlevait un autre drapeau à l'ennemi. C'était à l'attaque du cimetière de Solferino. Le 10e bataillon de chasseurs à pied délogea l'ennemi du réduit où il s'était fortement retranché. Le sergent Garnier, de la 1re compagnie, se lança sur un groupe qui entourait le drapeau du 60e régiment de ligne autrichien, et, suivi par plusieurs chasseurs, s'empara de ce trophée.

A la même bataille, le bataillon des *chasseurs à pied de la garde* enleva une chapelle et mit en désordre les troupes qui y faisaient une énergique résistance ; le chasseur Monteilier parvint aussi à se rendre maître d'un drapeau, pendant que le lieutenant Monéglia s'emparait d'une batterie.

C'est pour ces faits d'armes que le drapeau des *chasseurs à pied* est décoré.

A la bataille de Solferino, le jour même où le 10e bataillon de chasseurs à pied s'illustrait, le 76e *régiment de ligne* emportait également un drapeau à l'ennemi. Le 2e bataillon de ce régiment, lancé sur la ferme de Casa-Nova, dans la plaine de Médale, mit en déroute les Autrichiens, à la suite d'une charge à la baïonnette. Le fusilier Clavel, de la 3e compagnie, s'élança pour s'emparer d'un drapeau. Une lutte très vive s'engagea entre lui et le porte-drapeau autrichien. Clavel était sur le point de succomber, lorsqu'un de ses camarades de la même compagnie, le fusilier Allègre, se précipita à son secours, et les deux soldats parvinrent à saisir et à conserver le drapeau ennemi.

Pendant l'expédition du Mexique, comme nous l'avons vu plus haut, cinq régiments eurent leurs drapeaux décorés. Ce furent :

Le 99e *de ligne*, qui, au combat de la Baranca-Secca-d'Alcucingo, le 28 mai 1862, et, le 14 juin suivant, au combat de Borrego, emporta deux drapeaux et trois fanions mexicains ;

Le 1er *chasseurs d'Afrique*, dont un soldat, le brigadier Borde, pendant le siége de Puebla, au combat de San-Pablo, le 5 mai 1863, abattit d'un coup de sabre un cavalier porteur d'un étendard qu'il enleva ;

Le *3e de zouaves*, dont un officier, le sous-lieutenant Henry, et un soldat, le zouave Stum, enlevèrent, le 8 mai 1863, vers la fin du siége de Puebla, à San-Lorenzo, chacun un drapeau ;

Le *51e de ligne*, qui, à ce même combat de San-Lorenzo, prit deux fanions à l'ennemi, et qui, un an plus tard, le 3 février 1864, s'empara d'un drapeau au combat de Valle-Santiago ;

Enfin, le *3e tirailleurs algériens*, qui, toujours à ce combat de San-Lorenzo, se distingua brillamment : le général en chef avait commandé la charge à la baïonnette ; les tirailleurs Ahmed-ben-Mijoub et Khenil-ben-All enlevèrent chacun un drapeau à l'ennemi, tandis que quatre autres s'emparaient de quatre fanions.

Il y a un neuvième drapeau français décoré : c'est celui du *57e régiment de ligne*.

Le 16 août 1870, à la bataille de Rezonville, le sous-lieutenant Chabal prit de sa main le drapeau du 16ᵉ régiment d'infanterie de l'armée prussienne.

Le 12 juillet 1880, le Président de la République signa un décret accordant la croix de la Légion d'honneur au 57ᵉ régiment de ligne, alors en garnison à Bordeaux.

Cette croix fut attachée au drapeau du régiment le 14 juillet.

Le ministre de la guerre décida, en outre, que le capitaine Chabal serait mandé d'Algérie, où il était capitaine-trésorier, pour assister à la fête de la distribution des drapeaux et prendre place dans l'escorte même du ministre.

L'émotion fut grande quand le drapeau décoré passa : les troupes présentèrent les armes, les clairons sonnèrent « au drapeau », et l'on vit plus d'un soldat essuyer, de ses gants rudes, les larmes qui coulaient de ses yeux.

« C'est que les soldats, comme a dit le maréchal de Saxe, ont au cœur la religion du drapeau : il leur est sacré ! »

Le drapeau est plus qu'un symbole, c'est

presque un être animé : il a droit à des honneurs ; on le décore quand le régiment s'est bien battu, et il représente la patrie elle-même quand les soldats luttent autour de lui et meurent pour le défendre.

D'ailleurs, écrivait encore tout récemment un autre de nos éminents publicistes, qui se cache sous le pseudonyme de *Thomas Grimm*, « ce ne sont pas seulement les militaires, mais aussi des civils qui rendent les honneurs au drapeau : le président de la République, les ministres se découvrent devant lui. Et nous ne ferions pas tous ainsi ? »

Et Thomas Grimm, avec son patriotisme habituel, donnait pour le salut de tous au drapeau les irréfutables raisons que l'on va lire dans les lignes suivantes, que nous lui demandons la permission de reproduire, car elles sont la meilleure conclusion que nous puissions donner à ce premier chapitre :

« Nous saluons, disait-il, avec respect — et c'est l'éloge de nos mœurs — le mort inconnu qu'un corbillard emporte au cimetière, et nous n'aurions pas un coup de chapeau pour ces trois couleurs qui font revivre à nos yeux tant de glorieux souvenirs ?

« Voici le 57e de ligne qui défile devant nous ! Son drapeau flotte au vent, montrant avec fierté sa croix de la Légion d'honneur, qu'il a méritée par la prise d'un drapeau prussien à la bataille de Rezonville, le 16 août 1870 ; ses autres titres sont écrits en lettres d'or : *la Favorite, Austerlitz, la Moscowa, Sébastopol*. Est-il possible de rester indifférent ? Le cœur n'est-il pas saisi d'émotion à ce rappel de tout un passé ? Et peut-on de sang-froid, sans agiter son chapeau, laisser passer tranquillement l'emblème sacré, symbole de la patrie ?

« D'autres encore sont décorés de la Légion d'honneur, comme celui du 57e de ligne.... Mais, décoré ou non, le drapeau n'en est pas moins le symbole de l'honneur et l'emblème de la patrie. Symbole de l'honneur aussi et emblème de la patrie la loque improvisée avec une ceinture rouge, un mouchoir blanc et une cravate bleue, que les carabiniers du 8e bataillon de chasseurs à pied hissèrent, le 23 septembre 1845, sur le marabout de Sidi-Brahim, pour signifier aux hordes d'Abdel-Kader leur résolution de se défendre jusqu'à la mort.

« Le culte du drapeau développe chez le soldat les sentiments de dévouement et de patriotisme. Le maréchal de Saxe l'avait compris.

« — Les soldats, disait-il, doivent se faire une religion de ne jamais abandonner leur drapeau ; il doit leur être sacré, et l'on ne saurait y attacher trop de cérémonies pour le rendre respectable et précieux. Si l'on peut y parvenir, on peut aussi compter sur toutes sortes de bons succès ; la fermeté des soldats, leur valeur, en seront les suites.

« Ce n'est pas d'aujourd'hui, on le voit, que date le culte du drapeau. Les Romains l'avaient aussi ; et récemment encore, en Allemagne, les soldats graciés demandaient pardon de leur faute à genoux devant le drapeau de leur pays, en le touchant de la main ; cet attouchement les réhabilitait et leur donnait le droit de reprendre leurs armes.

« Les soldats français ont compris si bien que le drapeau représentait la patrie partout où il était, que, sous la première République et le premier

Empire, ils se mariaient simplement devant le caporal, tant était vrai pour eux ce principe que *où est le drapeau, là est la France.*

« A la caserne, on rend donc aux trois couleurs les honneurs auxquels elles ont droit. Dans la rue, tous ne comprennent pas encore que saluer le drapeau est un devoir. Il faudrait l'apprendre dès l'école. Le cardinal de Retz disait que « l'esprit « dans les grandes affaires n'est rien sans le « cœur ». L'instituteur et le professeur du collège ou du lycée ont la charge non seulement de s'adresser à l'esprit, mais aussi au cœur de leurs élèves, et de leur dire notamment le respect public qu'ils doivent au drapeau. Rester couvert devant l'emblème de la patrie est une marque certaine de mauvaise éducation morale....

« Ce n'est pas l'armée seulement qui doit avoir le culte du drapeau, mais bien la nation entière : le premier devoir qui s'impose est de respecter son emblème. Ne l'oublions pas, et, quand le drapeau passe, saluons tous ! »

II.

LE 2e DE ZOUAVES.

Bataille de Magenta.

(4 juin 1859.)

Le 5 juin 1859 était un dimanche, et il faisait un temps magnifique. Aussi la plus grande partie de la population parisienne avait-elle, encore plus que d'habitude, abandonné ce jour-là la capitale pour se répandre dans les campagnes environnantes, afin d'y jouir en plein air d'une belle journée de printemps. Malgré cela, dès que furent affichées les diverses dépêches de l'empereur annonçant qu'une grande victoire avait été remportée la veille par l'armée française, la nouvelle de notre succès se propagea avec une extraordinaire rapidité, non seulement à Paris, mais dans toutes les localités environnantes.

Voici les deux principaux télégrammes de l'empereur à ce sujet.

Une dépêche du 5 juin, adressée par l'empereur à l'impératrice, était ainsi conçue :

« Novare, 5 juin ; pont de Magenta. Tessin.

« Hier, 4 juin, l'armée devait se diriger sur Milan, en passant par les ponts jetés à Turbigo, et non sur le pont de Magenta. L'opération s'est bien exécutée ; mais l'ennemi, qui avait repassé le Tessin en grand nombre, nous a opposé la plus vive résistance. Les débouchés étaient étroits ; la garde impériale a soutenu le choc pendant deux heures. Pendant ce temps, le général de Mac-Mahon s'emparait de Magenta. Après des combats sanglants, nous avons partout culbuté l'ennemi. Nous avons eu environ 2,000 hommes hors de combat. On estime à 15,000 hommes la perte de l'ennemi en tués ou blessés ; 5,000 hommes sont restés entre nos mains. »

Cette dépêche était complétée par une autre, datée du même jour, à quatre heures quinze minutes du soir, ainsi conçue :

« Voici le résumé connu de la bataille de Magenta :

« 7,000 prisonniers au moins;

« 20,000 Autrichiens mis hors de combat;

« Trois canons;

« Deux drapeaux.

« Aujourd'hui l'armée se repose et s'organise. Nos pertes sont d'environ 3,000 hommes tués ou blessés, et un canon pris par l'ennemi. »

C'est à Magenta, la première des deux grandes batailles livrées aux Autrichiens pendant la guerre d'Italie, que le 2e de zouaves (qui était alors le régiment des zouaves de la garde) conquit par son héroïsme l'honneur de voir attacher à son drapeau la croix de la Légion d'honneur. Il fut, dans l'époque contemporaine, le premier de nos régiments décorés. Les vaillants soldats qui le composaient s'étaient, à Magenta, emparés de deux drapeaux ennemis.

Mais, avant de faire connaître les détails de la bataille particuliers au 2e de zouaves, il est bon de jeter un coup d'œil général sur les premières opérations de la campagne et sur l'ensemble de l'action. Nous laissons pour cela la parole à MM. Ladimir et Moreau, qui, dans leur *Histoire de la guerre d'Italie* (1), en ont donné l'excellent résumé que l'on va lire :

Le 31 mai, disent ces auteurs, l'armée reçut l'ordre de marcher par la gauche, et franchit le Pô à Casale, dont le pont était resté en notre possession; elle prit aussitôt la route de Verceil, où le passage de la Sesia fut opéré pour protéger ou couvrir notre marche rapide sur Novare. Les efforts de l'armée furent dirigés vers la droite sur Robbio, et deux combats glorieux pour les troupes sardes, livrés de ce côté, eurent encore pour effet de faire croire à l'ennemi que nous marchions sur Mortara. Mais pendant ce temps, l'armée française s'était portée vers Novare, et elle y avait pris position sur le même emplacement où dix ans auparavant le roi Charles-Albert avait combattu. Là elle pouvait faire tête à l'ennemi, s'il se pré-

(1) Librairie des villes et des campagnes, rue Soufflot, 18, à Paris.

sentait. Ainsi cette marche hardie avait été protégée par 100,000 hommes campés sur notre flanc droit à Olengo, en avant de Novare. Dans ces circonstances, c'était donc à la réserve que l'empereur devait confier l'exécution du mouvement qui se faisait en arrière de la ligne de bataille.

Le 2 juin, une division de la garde impériale fut dirigée vers Turbigo, sur le Tessin, et, n'y trouvant aucune résistance, elle y jeta trois ponts. L'empereur, ayant recueilli des renseignements qui s'accordaient à lui faire connaître que l'ennemi se retirait sur la rive gauche du fleuve, fit passer le Tessin en cet endroit par le corps d'armée du général de Mac-Mahon, suivi le lendemain par une division de l'armée sarde. Nos troupes avaient à peine pris position sur la rive lombarde, qu'elles y furent attaquées par un corps autrichien venu de Milan par le chemin de fer. Elles le repoussèrent victorieusement sous les yeux de l'empereur.

Dans la même journée du 2 juin, la division Espinasse s'étant avancée sur la route de Novare à Milan jusqu'à Trécate, d'où elle menaçait la tête du pont de Buffalora, l'ennemi évacua précipitamment les retranchements qu'il avait établis sur ce point et se replia sur la rive gauche en faisant sauter le pont de pierre qui traverse le fleuve en cet endroit. Toutefois l'effet de ses fourneaux de mine ne fut pas complet, et les deux arches du pont qu'il s'était proposé de renverser s'étant seulement affaissées sur elles-mêmes sans s'écrouler, le passage ne fut pas interrompu.

La journée du 4 avait été fixée par l'empereur pour la prise de possession définitive de la rive gauche du Tessin. Le corps d'armée du général de Mac-Mahon, renforcé de la division des voltigeurs de la garde impériale et suivi de toute l'armée du roi de Sardaigne, devait se porter de Turbigo sur Buffalora et Magenta, tandis que la division des grenadiers de la garde impériale s'emparerait de la tête du pont de Buffalora sur la rive gauche, et que le corps d'armée du maréchal Canrobert s'avancerait sur la rive droite pour passer le Tessin au même point.

L'exécution de ce plan d'opérations fut troublée par quelques-uns de ces incidents avec lesquels il faut compter à la guerre. L'arrivée du roi fut retardée dans son passage de la rivière, et une seule de ses divisions put suivre d'assez loin le corps du général de Mac-Mahon. La marche de la division Espinasse souffrit aussi des retards ; et, d'un autre côté, lorsque le corps du maréchal Canrobert sortit de Novare pour rejoindre l'empereur, qui s'était porté de sa personne à la tête du pont de Buffalora, ce corps trouva sa route tellement encombrée, qu'il ne put arriver que fort tard au Tessin.

Telle était la situation des choses, et l'empereur attendait, non sans anxiété, le signal de l'arrivée du corps du général de Mac-Mahon à Buffalora, lorsque, sur les deux heures, il entendit de ce côté une fusillade et une canonnade très vives : le général arrivait. C'était le moment de le soutenir en marchant vers Magenta. L'empereur lança aussitôt la brigade Wimpffen contre les positions formidables occupées par les Autrichiens en avant du pont ; la brigade Cler suivit le mouvement. Les hauteurs qui bordent le Naviglio (grand canal) et le village de Buffalora furent promptement emportées par l'élan de nos troupes ; mais celles-ci se trouvèrent alors en face de masses considérables, qu'elles ne purent enfoncer, et qui arrêtèrent leurs progrès. Cependant le corps d'armée du maréchal Canrobert ne se montrait point, et, d'un autre côté, la canonnade et la fusillade qui avaient signalé l'arrivée du général de Mac-Mahon avaient complètement cessé. La colonne du général avait-elle été repoussée, et la division des grenadiers de la garde allait-elle avoir à soutenir, à elle seule, tout l'effort de l'ennemi?

C'est ici le moment d'expliquer la manœuvre que les Autrichiens avaient faite. Lorsqu'ils eurent appris, dans la nuit du 2 juin, que l'armée française avait surpris le passage du Tessin à Turbigo, ils avaient fait repasser rapidement ce fleuve, à Vigevano, par trois de leurs corps d'armée, qui brûlèrent les ponts derrière eux. Le 4 au matin, ils étaient devant l'empereur au nombre de 125,000 hommes, et c'est contre ces forces si disproportionnées que la division des grenadiers de la garde, avec laquelle se trouvait l'empereur, avait seule à lutter.

Dans cette circonstance critique, le général Regnaud de Saint-Jean-d'Angély fit preuve de la plus grande énergie, ainsi que les généraux qui commandaient sous ses ordres. Le général de division Mellinet eut deux chevaux tués sous lui; le général Cler tomba mortellement frappé; le général Wimpffen fut blessé à la tête; les commandants Desmé et Mauduy, des grenadiers de la garde, furent tués; les zouaves perdirent deux cents hommes, et les grenadiers subirent des pertes non moins considérables. Enfin, après une longue attente de quatre heures, pendant laquelle la division Mellinet soutint sans reculer les attaques de l'ennemi, la brigade Picard, le maréchal Canrobert en tête, arriva sur le lieu du combat. Peu après parut la division Vinoy, du corps du général Niel, que l'empereur avait fait appeler, puis enfin les divisions Renault et Trochu, du corps du maréchal Canrobert.

En même temps, le canon du général de Mac-Mahon se faisait de nouveau entendre dans le lointain. Le corps du général, retardé dans sa marche, et moins nombreux qu'il n'aurait dû l'être, s'était avancé en deux colonnes sur Magenta et Buffalora.

L'ennemi ayant voulu se porter entre ces deux colonnes pour les couper, le général de Mac-

Mahon avait rallié celle de droite sur celle de gauche, vers Magenta, et c'est ce qui explique comment le feu avait cessé, dès le début de l'action, du côté de Buffalora. En effet, les Autrichiens, se voyant pressés sur leur front et sur leur gauche, avaient évacué le village de Buffalora et porté la plus grande partie de leurs forces contre le général de Mac-Mahon, en avant de Magenta. Le 45e de ligne s'élança avec intrépidité à l'attaque de la ferme de Cascina-Nuova, qui précède le village, et qui était défendue par deux régiments hongrois. Quinze cents hommes de l'ennemi y déposèrent les armes, et le drapeau fut enlevé sur le cadavre du colonel. Cependant la division de la Motterouge se trouvait pressée par des forces considérables qui menaçaient de la séparer de la division Espinasse. Le général de Mac-Mahon avait disposé en seconde ligne les treize bataillons des voltigeurs de la garde, sous le commandement du brave général Camou, qui, se portant en première ligne, soutint au centre les efforts de l'ennemi, et permit aux divisions de la Motterouge et Espinasse de reprendre vigoureusement l'offensive.

Dans ce moment d'attaque générale, le général Auger, commandant l'artillerie du 2e corps, fit mettre en batterie, sur la chaussée du chemin de fer, quarante bouches à feu, qui, prenant en flanc et d'écharpe les Autrichiens, défilant en grand désordre, en firent un carnage affreux.

A Magenta, le combat fut terrible. L'ennemi défendit ce village avec acharnement. On sentait de part et d'autre que c'était la clef de la position. Nos troupes s'en emparèrent, maison par maison, en faisant subir aux Autrichiens des pertes énormes. Plus de 10,000 des leurs furent mis hors de combat, et le général de Mac-Mahon leur fit environ 5,000 prisonniers, parmi lesquels un régiment tout entier, le 2e chasseurs à pied, commandé par le colonel Hausser. Mais le corps du général eut lui-même beaucoup à souffrir : 1,500 hommes furent tués ou blessés.

A l'attaque du village, le général Espinasse et son officier d'ordonnance, le lieutenant Froidemont, étaient tombés frappés à mort. Comme eux, à la tête de leurs troupes, étaient tombés les colonels Doubot, du 45e de ligne, et de Chabrière, du 2e régiment étranger. D'un autre côté, les divisions Vinoy et Renault faisaient des prodiges de valeur sous les ordres du maréchal Canrobert et du général Niel. La division Vinoy, partie de Novare dès le matin, arrivait à peine à Trecate, où elle devait bivouaquer, quand elle fut appelée par l'empereur. Elle marcha au pas de course jusqu'à Ponte di Magenta, en chassant l'ennemi des positions qu'il occupait et en lui faisant plus de 1,000 prisonniers; mais, engagée avec des forces supérieures, elle eut à subir beaucoup de pertes : 11 officiers furent tués et 50 blessés; 650 sous-officiers et soldats furent mis hors de combat. Le 85e de ligne eut surtout à souffrir. Le commandant Delort, de ce régiment, se fit bravement tuer à la tête de son bataillon, et les autres officiers supérieurs furent blessés. Le général Martimprey fut atteint d'un coup de feu en conduisant sa brigade.

Les troupes du maréchal Canrobert firent aussi des pertes regrettables. Le colonel de Senneville, son chef d'état-major, fut tué à ses côtés; le colonel Charlier, du 90e, fut mortellement atteint de cinq coups de feu, et plusieurs officiers de la division Renault furent mis hors de combat, pendant que le village de Ponte di Magenta était pris et repris sept fois de suite. Enfin, vers huit heures et demie du soir, l'armée française restait maîtresse du champ de bataille, et l'ennemi se retirait en laissant entre nos mains quatre canons, dont un pris par les grenadiers de la garde, deux drapeaux et 7,000 prisonniers. On peut évaluer à 20,000 environ le nombre des Autrichiens mis hors de combat. On trouva sur le champ de bataille 12,000 fusils et 30,000 sacs.

Voici maintenant, tel qu'il a été envoyé au *Pays* du champ de bataille de Ponte Nuovo di Magenta, à la date du 5 juin, le récit du correspondant de ce journal, relatant fort exactement les divers incidents de la lutte héroïque soutenue par les zouaves. L'auteur de cette correspondance était d'autant mieux placé pour suivre tous les épisodes de la journée, qu'il était alors capitaine aux zouaves de la garde.

« Dès le 2 juin, écrivait-il, les voltigeurs de la garde avaient reçu l'ordre de se porter sur les bords du Tessin, et de traverser la rivière au-dessus de Buffalora, à gauche de Turbigo, pour protéger le corps du général de Mac-Mahon. Le 3.

la première brigade d'infanterie de la garde (zouaves et grenadiers), commandés par le général Cler, reçut l'ordre d'aller camper à Trecate, sur la route de Milan. Le 4, de grand matin, la brigade reçut l'ordre de traverser le Tessin et de se porter sur Magenta, à cheval sur la route de Milan.

« En arrivant sur les bords du Tessin, nous y vîmes l'empereur, qui, à peine arrivé de Novare, avait placé son quartier général au pont même du Tessin. Au loin, sur la rive gauche, on apercevait des nuages de fumée, et on entendait le grondement sourd et répété du canon; prélude d'une grande bataille. Aussitôt notre arrivée au pont du Tessin, on donna ordre de mettre sac à terre et de se porter vivement à droite de la route de Magenta, sur une redoute en terre que les Autrichiens avaient établie pour balayer la route de Milan et le pont du Tessin.

« La brigade fut divisée en deux colonnes. Le 1er bataillon du 3e de grenadiers fut désigné pour les premières colonnes d'attaque; les trois premières compagnies du 1er bataillon des zouaves de la garde devaient appuyer le mouvement. Je faisais partie de ces compagnies. Nous avions à parcourir de vastes prairies découvertes, où l'ennemi pouvait nous mitrailler. La colonne s'élança au pas de course. Peu d'instants après, grenadiers et zouaves escaladaient les parapets de la redoute que nous prenions aux cris de : *Vive l'empereur!* Le mouvement avait été si rapidement exécuté, que l'ennemi n'eut pas le temps de faire usage de ses bouches à feu. Chassés de la redoute, les Autrichiens vinrent en grand nombre nous y attaquer. Nous étions environ deux cents zouaves.

« Malgré notre petit nombre, nous fîmes quatre sorties successives en criant à nos braves compagnons : *A la baïonnette!* Chaque fois l'ennemi fut forcé de se retirer avec des pertes considérables. Nous n'étions pas un contre dix, mais chaque homme en valait dix. Il fallait les voir se jeter sur les bataillons autrichiens en poussant leur cri de guerre; chaque élan faisait une sanglante trouée; de toutes parts, c'étaient des cris de rage et de douleur, auxquels les nôtres répondaient par des cris de triomphe.

« Dans ces quatre sorties successives, nous

avions malheureusement fait des pertes sensibles qui ne nous permettaient plus de prendre l'offensive avec succès. Les Autrichiens, s'apercevant que nous n'étions pas soutenus, revinrent une cinquième fois avec des forces colossales, devant lesquelles nous fûmes forcés de nous retirer. Notre petite phalange se retira en bon ordre, la baïonnette au poing, au delà du pont du chemin de fer et d'un canal très profond.

« Momentanément à l'abri d'une attaque, je fis prendre à mes hommes un instant de repos : tous nous en avions grand besoin, car pendant *plus de trois heures* nous nous étions battus sans prendre haleine. Nous fûmes alors fort heureusement soutenus par une division du corps Canrobert, qui arrivait en toute hâte de Novare, et par une brigade du corps du général de Mac-Mahon, qui venait de passer le Tessin à Turbigo. Ces renforts nous permirent de reprendre l'offensive et toutes les positions que nous avions déjà occupées.

« Vers six heures, je venais de me rendre avec ma compagnie au pont du canal où était alors le quartier du général Regnaud de Saint-Jean-d'Angély, quand une forte colonne ennemie vint attaquer notre flanc droit, qu'elle voulait évidemment tourner en appuyant ses forces sur un village dont j'ignore le nom, et qui était au pouvoir des Autrichiens. Je reçus ordre de me porter avec la première compagnie droit au village pour couper le mouvement d'attaque. J'enlevai mes zouaves, et dix minutes après le village était emporté de vive force.

« Mais bientôt après, cernés de toutes parts par des masses considérables, nous fûmes forcés de battre en retraite, tout en nous battant comme des enragés ; trois bataillons d'infanterie de ligne furent envoyés à notre aide ; il était grand temps, je vous assure : une demi-heure plus tard nous serions tous restés sur le champ de bataille, en faisant payer cher à l'ennemi son succès éphémère. Le secours de ces trois bataillons nous permit de reprendre notre mouvement d'attaque ; alors eut lieu un nouveau combat homérique, je puis le dire. L'ennemi, chassé de rues en rues, de maisons en maisons, dont il fallait faire le siège l'une après l'autre, commença à se débander; nous redoublâmes tous nos efforts, et, après cent combats partiels, nous parvînmes à le pousser jusqu'au canal, où un grand nombre d'Autrichiens trouvèrent la mort.

« Il était alors neuf heures et demie. Toutes les positions de l'ennemi étaient prises et leur armée en pleine déroute sur notre droite, dans la direction de Pavie et de Plaisance. Nous avons fait un grand nombre de prisonniers et pris des armes en quantité; le nombre des morts doit être considérable, si j'en juge par ce que nous avons fait. J'aurais des volumes à vous écrire sur cette brillante bataille de Magenta, qui affranchit d'un coup tout le Milanais, et je m'empresserai de vous adresser tous les renseignements authentiques que je pourrai recueillir, persuadé de tout le plaisir que vous aurez à les apprendre.

« Ce que je puis vous dire aujourd'hui en résumé, c'est que les zouaves de la garde ont soutenu d'une façon admirable leur réputation méritée de premiers soldats du monde. Nous sommes revenus chercher nos sacs au pont du Tessin, puis, sur le champ de bataille, en avant du pont de Ponte-Nuovo di Magenta, où nous avons bivouaqué. Ce n'est seulement que le soir que nous avons pu compter nos pertes : elles sont nombreuses. Mon chef de bataillon a eu la jambe fracassée. Dans ma compagnie j'ai vingt-quatre hommes tués ou blessés. En total dans le régiment, 250 hommes tués ou blessés, et neuf officiers, dont un seul tué.... »

Aucun récit ne saurait égaler en intérêt, lorsqu'il s'agit de bataille, celui d'un officier ayant pris part à l'action et ayant pu se rendre compte de l'ensemble des opérations. A ce titre, nous allons encore laisser la parole à ce même capitaine de zouaves, qui va donner à nos lecteurs de nouveaux et intéressants détails sur la conduite héroïque de son régiment :

« Champ de bataille de Magenta, bivouac de Ponte-Nuovo, 5 juin.

« Je vous ai écrit ce matin même, à quatre heures, sur un tambour qui me servait de pupitre, les mains grelottantes encore de l'humidité de la nuit. Toute la nuit, les feux avaient été constamment entretenus, et c'est près, très près de l'un d'eux, que j'ai dormi quelques heures tant bien que mal, je puis dire plus mal que bien. Ma fatigue était extrême, et mon sommeil s'en est ressenti. On n'assiste pas en acteur à toutes les péripéties d'un drame aussi émouvant que celui de la bataille de Magenta sans ressentir une grande commotion morale. Ce matin, je ne pouvais remuer lés jambes. Dans quelques heures l'influence du déjeuner se fera sentir, et, le soleil aidant, tout ira bien.

« Je ne sais si, dans ma lettre de ce matin, je vous ai donné la topographie du champ de bataille. Au risque de me répéter, je vous l'esquisse à grands traits, sans compas, mais soyez certain que l'exactitude est assez mathématique. Ce petit plan vous suffira, du reste, pour vous donner une idée bien exacte de la bataille.

« Je vous ai dit que l'empereur, en arrivant de Novare, s'était posté au pont du Tessin, où il établit son quartier impérial. De chaque côté du pont se trouvent quelques maisons; dans l'une d'elles les sapeurs du génie firent sauter quelques poutres, et en peu d'instants y préparèrent une espèce de belvédère, qui servit à Sa Majesté pour examiner le champ de bataille. A peine arrivée au pont du Tessin, la première brigade d'infanterie de la garde fut, comme je vous l'ai dit, chargée d'enlever la redoute en terre qui, placée entre le Tessin et le canal de Naviglio, pouvait battre en flanc toutes les colonnes lancées sur la route de Milan.

« C'était un point important, dont il fallait à tout prix s'emparer sur-le-champ. Pour faciliter le mouvement d'attaque confié à trois compagnies des zouaves de la garde et à un bataillon du 3e grenadiers, deux pièces d'artillerie nouveau modèle furent placées en batterie en avant du pont du Tessin et balayèrent la route de Milan. Vous savez avec quel élan fut emportée la redoute; je vous ai dit avec quelle bravoure elle fut par nous défendue six fois de suite, en trois heures, contre des masses formidables devant lesquelles nous fûmes forcés de nous retirer.

« Cette redoute en terre menaçait non seulement les vastes prairies découvertes, situées entre le Tessin et le Grand-Canal, et d'autre part la route de Ponte-Nuovo, mais encore défendait le passage du pont du chemin de fer jeté sur le Naviglio. Ce canal, dont les eaux sont profondes et rapides, est encaissé entre deux immenses chaussées qui le surplombent d'une hauteur de trente à quarante pieds ; du côté du Tessin et de la redoute, une de ces chaussées élevées sert de route de communication entre les deux villages de Robecco et de Buffalora. Par suite de l'élévation des deux chaussées du canal, on a été obligé de construire un pont très élevé, tout bâti en briques. De loin, il fait un effet très pittoresque et rappelle un peu l'aqueduc du Buc, près de Versailles, auquel il faudrait ajouter la teinte rougeâtre de la brique éclairée vivement par un soleil ardent.

« Les Autrichiens avaient barricadé ce pont du chemin de fer d'une manière formidable, ne laissant qu'un très étroit espace, juste suffisant pour le passage de leurs troupes en cas d'insuccès. Maîtres de la redoute, nous ne pouvions laisser l'ennemi occuper ce passage du chemin de fer, véritable défilé formidable, contre lequel nous nous précipitâmes en courant la baïonnette en avant ; le choc fut terrible ; les Autrichiens, épouvantés de tant d'audace, prirent la fuite ; mais, s'apercevant bientôt qu'ils n'avaient affaire qu'à une poignée d'hommes, ils revinrent à la charge pour reprendre leur défilé. Tous nos zouaves furent vraiment superbes, en cette affaire, d'ardeur et de sang-froid; tous leurs coups portaient la mort.

« Ce fut pendant longtemps un combat corps à corps où le nombre n'avait pas l'avantage. A la fin, enveloppés de toutes parts, nous fûmes forcés de nous replier au delà du pont du chemin de fer; pendant une demi-heure encore, abrités derrière la grande route, chaussée qui borde le canal du Naviglio, nous fîmes un feu meurtrier sur les colonnes épaisses de nos ennemis, séparés de nous par la largeur du canal. Mais bientôt des masses profondes, parties du village de Robecco, vinrent pour nous couper la retraite en nous attaquant à droite. Nous étions enveloppés de toutes parts ; nous fîmes, en désespérés, trois charges successives à la baïonnette ; mais le cercle de fer des baïonnettes ennemies se rétrécissait toujours; nos forces étaient épuisées d'un combat opiniâtre et sans repos de trois heures; la respiration nous manquait, le sang nous montait à la tête, nous étranglait et nous aveuglait. Moment terrible, je vous assure; il fallait cependant, sans perdre une minute, prendre une détermination.

« Je ne vis qu'une chance de salut, et j'ordonnai aussitôt à mes hommes de faire retraite sur Ponte-Nuovo par la voie du canal, en se laissant glisser sur la berge à pic. Quant à moi, je préférais cent fois périr dans le canal plutôt que de tomber prisonnier. Tout en nous cramponnant avec les doigts et les ongles aux aspérités de la berge, nous arrivâmes au bord de l'eau, rapide et profonde, où j'avais failli vingt fois tomber. Un sentier de chèvre, étroit et humide, où le pied avait peine à porter, bordait l'eau; c'est par là que nous gagnâmes le pont du chemin de fer, sous lequel nous prîmes un instant de repos, ma compagnie et moi, et sans grande perte d'hommes nous arrivâmes à Ponte-Nuovo, où était établi le quartier général du général Regnaud de Saint-Jean-d'Angély.

« Pendant que nous nous battions ainsi en désespérés, le reste du régiment des zouaves, avec le 2e régiment de grenadiers et un bataillon du 1er régiment, traversaient le canal de Buffalora, dont ils délogeaient les Autrichiens après un combat opiniâtre. Il était alors quatre heures de l'après-midi. Les renforts qui nous arrivaient des corps Niel, Mac-Mahon et Canrobert, nous permirent de reprendre l'offensive et toutes nos positions précédemment occupées. Toute l'armée redoubla d'efforts en poussant l'ennemi sur Magenta, où la déroute commença. Le corps d'armée de Mac-Mahon, soutenu par la 2e division d'infanterie de la garde, voltigeurs et chasseurs, n'avait pu passer le Tessin qu'à Turbigo. Mac-Mahon lança aussitôt ses colonnes dans la plaine, droit à Magenta, d'où il chassait l'ennemi, le rejetant sur Robecco, position très bonne et formidable. C'est sur ce village, comme je vous le disais dans ma dernière lettre, que je reçus l'ordre de me porter avec deux compagnies, pour coopérer au mouvement d'attaque exécuté par le maréchal Canrobert.

« Le combat de Robecco fut des plus sanglants et dura une heure et demie, pendant laquelle nous prîmes le village en faisant des prodiges de valeur. Les Autrichiens, comprenant que cette position commandait encore la bataille, s'y battaient en désespérés ; nous-mêmes, à l'approche de la nuit qui arrivait, redoublâmes d'efforts, auxquels ne purent résister les bataillons autrichiens, dont un grand nombre périt sous le fer ou dans les eaux rapides du canal, où nos hommes les précipitaient avec un dernier élan. Ainsi que vous pourrez le voir sur la carte, le champ de bataille présente la forme d'un triangle dont la base, formée par Robecco, Ponte-Nuovo et Buffalora, a pour sommet Magenta, bourg assez fort et servant de quartier général à l'ennemi.

« La position était vraiment magnifique pour l'ennemi. En effet, les Autrichiens avaient à nous opposer : 1° le Tessin, 2° le cours du canal : le Tessin, large et rapide, défense naturelle augmentée de têtes de pont formidables ; le cours du canal, excellente position doublée de fortifications toutes faites, formées de deux éminentes chaussées qui le bordent dans tout son parcours. Les abords du canal et des trois villages sont encombrés de monceaux de cadavres et de blessés. On a passé toute la nuit à relever les blessés, pour leur prodiguer les soins urgents que réclament leurs nombreuses blessures ; et je dois dire que tous les blessés autrichiens ont été l'objet de la sollicitude de nos chirurgiens et infirmiers.

« L'empereur vient de traverser notre bivouac de Ponte-Nuovo pour se rendre à Magenta, où il établit son quartier impérial pour aujourd'hui. En passant au milieu de nous, Sa Majesté paraissait vivement émue. Elle a pressé les mains de notre colonel Guignard, en lui adressant les plus vives félicitations sur la brillante conduite du régiment. Le général Regnaud de Saint-Jean-d'Angély, qui était derrière l'empereur, a dit à Sa Majesté :

« — Sire, voici vos braves zouaves, qui ont fait notre admiration en se battant tous comme des lions. »

Chose curieuse et fort étonnante, car on sait que les officiers de zouaves ont l'habitude de marcher au feu à la tête de leurs soldats, pas un seul capitaine des zouaves ne fut blessé à Magenta.

Quinze jours après notre victoire de Magenta, le 19 juin, eut lieu à Brescia une cérémonie imposante, la remise de la croix de la Légion d'honneur au drapeau du 2e régiment de zouaves.

A midi, le régiment était en grande tenue,

sous les armes, les officiers généraux s'y trouvaient; le maréchal de Mac-Mahon, qui venait d'être créé duc de Magenta, arriva avec son escorte. Il fit former le carré, face en dedans, fit avancer le drapeau au milieu, et dit :

« Soldats du 2e régiment de zouaves !

Le maréchal DE MAC-MAHON.

« L'empereur, voulant conserver les habitudes de l'ancien empire, a décrété que les drapeaux des régiments qui feraient une action d'éclat seraient décorés de l'ordre de la Légion d'honneur. Zouaves, vous méritez tous une récompense, car tous vous vous êtes montrés dignes du nom de

Français; vous vous êtes avancés sur l'ennemi sans hésiter; vos pères qui vous contemplent sont fiers de vous. L'honneur de la bataille de Magenta vous revient. Le drapeau du 2e de zouaves est le premier de l'armée d'Italie qui sera décoré. Je suis heureux que ce soit dans le 2e corps d'armée que je commande qu'un tel honneur soit rendu, et je suis fier que ce soit vous, soldats du 2e de zouaves, dont la réputation ne s'est démentie ni en Crimée, ni en Afrique, ni à Magenta, qui ayez mérité cet honneur. Mais ce n'est point encore assez, zouaves, il faut que votre drapeau porte la croix d'officier de la Légion d'honneur. »

Alors, s'avançant vers le drapeau, il dit :

« Aigle du 2e régiment de zouaves, sois fière de tes soldats; au nom de l'empereur, et d'après les pouvoirs qui me sont dévolus, je te donne la croix de chevalier de la Légion d'honneur. »

S'avançant de nouveau, il décora le drapeau aux cris de : *Vive l'empereur !* Il voulut parler de nouveau, mais l'émotion l'en empêcha. Puis, faisant approcher les soldats qui méritaient des récompenses, il donna cinq croix et vingt et une médailles militaires.

Une cantinière, la dame Trémoreaux, fut médaillée pour sa bonne conduite au feu. L'excellente femme avait suivi continuellement, et pendant le plus fort de l'affaire, la ligne des tirailleurs; c'est d'elle que les blessés recevaient les premiers soins. Elle se multipliait.

De son côté, le drapeau du 3e de zouaves portait déjà la médaille d'or de la Valeur militaire de Sardaigne, qui venait de lui être conférée par le roi Victor-Emmanuel, comme on le verra dans le dernier chapitre de ce volume.

III.

LES CHASSEURS A PIED.

Bataille de Solferino.

(24 juin 1859.)

A la suite de la bataille de Magenta, l'armée franco-sarde fit une entrée triomphale à Milan, ville de 200,000 âmes qui peut être considérée comme la tête de l'Italie septentrionale.

Les Autrichiens effectuaient toujours leur retraite en se concentrant à l'extrémité de la Lombardie voisine de la Vénétie : le combat de Malegnano ou Marignan, livré peu de jours après, les obligea bientôt à accentuer davantage cette retraite que la bataille de Solferino allait changer presque en déroute. La victoire de Magenta avait brillamment inauguré les opérations de la campagne ; celle de Solferino les clôtura en assurant définitivement la conquête de la Lombardie : l'empereur d'Autriche signa au plus tôt la paix de Villafranca, après une entrevue avec l'empereur Napoléon III, afin de conserver quelque temps encore la Vénétie à son empire.

Comme d'ailleurs celle de Magenta, la victoire de Solferino ne fut point le résultat de savantes ou habiles combinaisons tactiques du commandant en chef. Les deux armées se rencontrèrent comme par hasard, sans que leur rencontre à Solferino eût été prévue par Napoléon III. Le brillant succès de nos soldats fut donc dû uniquement à leur élan, à leur indomptable et persévérante bravoure, et non à l'habileté de leur chef suprême.

Pourtant, comme l'a excellemment dit un écrivain militaire distingué, M. Théodore Anne, « la bataille de Solferino comptera parmi les actions glorieuses, mais sanglantes, d'un siècle fécond en merveilles. On peut la comparer à celle d'Eylau, en voyant avec quel acharnement on a combattu, avec quelle ténacité l'ennemi a tenu dans les positions que nos soldats ont emportées. L'énergie de la résistance est à la fois la consolation du vaincu et le plus beau trophée du vainqueur. Il n'y a pas de mérite à se ruer sur un troupeau de moutons. C'est un métier de boucher et non de soldat. »

L'ennemi, on ne saurait se le dissimuler, s'était noblement défendu. Il était déterminé à se défendre encore. Un officier prisonnier disait : « L'armée autrichienne est perdue sans ressource; mais tant qu'elle aura un homme, elle tiendra. » Et un de ses camarades faisait la même déclaration en proclamant, de son côté, que son empereur continuerait la guerre tant qu'il aurait un soldat.

A Solferino, écrivent de leur côté MM. Ladimir et Moreau, à qui nous empruntons les quelques lignes qui suivent, un heureux hasard dérouta, dès l'origine de la bataille, l'espoir de l'ennemi ; on croyait qu'il s'était retiré derrière le Mincio, et qu'il nous attendait, couvert par le fleuve. Dans la nuit du 23 au 24 juin, il repassa le Mincio sur quatre points, reprit les hauteurs qu'il avait abandonnées, et marcha sur nous. Mais le mouvement

Entrée à Milan de l'armée franco-sarde.

en avant de nos troupes avait été ordonné pour deux heures du matin, afin d'éviter l'excessive chaleur du jour, de sorte que l'ennemi, qui croyait nous surprendre, se heurta contre nos têtes de colonnes.

Il est certain qu'à Solferino 400,000 hommes en sont venus aux mains. Ce n'est cependant pas le chiffre le plus élevé des grandes batailles du siècle. A Leipsick, la plaine était couverte de 500,000 combattants, savoir : 320,000 du côté de l'armée alliée, et 180,000 du côté de l'armée française. Nous avions 1,300 pièces de canon, et les alliés nous en opposaient 1,700.

A Solferino, comme on ne s'attendait pas à une bataille, les corps d'armée marchaient à une assez grande distance les uns des autres, et il fallait les relier ensemble, ce qui n'était pas facile, puisqu'ils étaient attaqués isolément. Le maréchal Baraguey-d'Hilliers était séparé de l'armée sarde. Le général Niel, retardé dans sa marche, ne pouvait entrer en ligne, et le maréchal Canrobert, qui devait l'appuyer, était paralysé par la crainte de voir paraître sur sa droite un corps autrichien qui devait, dit-on, se porter de Mantoue sur Azola.

L'ennemi voulut, mais en vain, profiter de ces avantages. Quatre colonnes autrichiennes qui essayaient de passer entre le corps du maréchal Baraguey-d'Hilliers et l'armée sarde, pour tourner les Piémontais, les rejeter sur le lac de Garde, et les contraindre ainsi à se rendre, ou à se noyer comme les Russes à Friedland, furent arrêtées dans leur marche, et refoulées par le feu d'une batterie habilement dirigée par le général Forgeot; et deux régiments de cavalerie autrichienne ayant essayé, de leur côté, de passer entre le corps du maréchal Baraguey-d'Hilliers et celui du duc de Magenta, pour tourner la gauche de ce dernier, cédèrent devant trois charges successives de nos chasseurs à cheval.

Le village de Solferino fut le point culminant de la bataille. Ce ne fut qu'à trois heures et demie de l'après-midi, après une lutte meurtrière, pendant laquelle le maréchal Baraguey-d'Hilliers paya de sa personne, en digne fils d'un illustre père, que le premier corps, exténué de chaleur et de fatigue, emporta ces positions, grâce au concours des voltigeurs et des chasseurs à pied de la garde.

A San Cassiano, le contrefort qui relie Cavriana à ce village fut pris, perdu, repris, perdu une seconde fois ; enfin le cinquième engagement, plus heureux que les autres, nous donna cette position ; mais ici encore une brigade de voltigeurs de la garde, soutenue par les grenadiers de ce corps d'élite, vint au secours du corps du duc de Magenta.

La bataille, gagnée au centre, était indécise à l'aile droite et à l'aile gauche. Le général Niel était paralysé par la nécessité dans laquelle le maréchal Canrobert se trouvait d'observer la route de Mantoue, et ce ne fut qu'à trois heures de l'après-midi que le troisième corps, rassuré de ce côté, put venir en aide aux efforts du quatrième.

A San Martino, où se trouvaient les Piémontais, on retrouve les mêmes incidents qu'à San Cassiano. Ce ne fut qu'au troisième retour, et par conséquent au cinquième engagement, que les Sardes restèrent maîtres de la position.

Cette mêlée si acharnée où le courage brillait des deux côtés, explique le chiffre douloureux de nos pertes ; 12,000 hommes, plus de 720 officiers, dont 150 sont tombés pour ne plus se relever, tel fut le tribut de la France dans cette grande journée. La perte des Sardes fut de 5,525 hommes. C'est donc un total de 18,000 hommes.

L'armée autrichienne subit, il est vrai, des pertes bien plus considérables. Voici d'ailleurs un extrait de l'ordre du jour de l'empereur, daté de Cavriana, 25 juin, qui fera connaître les principaux résultats de cette glorieuse journée :

« Pendant douze heures, vous avez repoussé les efforts de 150,000 hommes ; votre élan n'a été arrêté ni par la nombreuse artillerie de l'ennemi, ni par des positions formidables s'étendant sur un rayon de trois lieues. La patrie, qui vous remercie de votre bravoure et de votre persévérance, déplore le sort de ceux de ses enfants qui sont tombés.

« Nous avons pris trois drapeaux, trente canons, et fait 6,000 prisonniers. L'armée sarde a tenu tête avec la même valeur à des forces numériquement supérieures. Elle est digne de marcher à vos côtés. Le sang versé ne l'aura pas été inutilement pour la gloire de la France et le bonheur des peuples. »

Nous venons de voir que, parmi ses trophées

Bataillon des chasseurs à pied à Solferino.

de victoire, l'armée française compta, à Solferino, trois drapeaux autrichiens. L'un de ces étendards ennemis fut vaillamment conquis par le 76e de ligne, à qui sera consacré le prochain chapitre; la prise des deux autres fut due à deux héroïques bataillons de chasseurs à pied.

On sait que les chasseurs à pied ne sont point organisés en régiments, mais seulement en un certain nombre de bataillons, indépendants les uns des autres, destinés à servir d'éclaireurs à nos divers corps d'armée. Pour tous ces bataillons il n'existe qu'un seul drapeau : c'est ce drapeau qu'a fait décorer l'héroïque valeur déployée à Solferino par le bataillon des chasseurs à pied de la garde et par le 10e de l'arme. Voici un extrait de l'ordre du jour adressé le lendemain de la bataille à la garde impériale par son commandant en chef, le maréchal Regnaud de Saint-Jean-d'Angély, qui fait ressortir la part glorieuse que les chasseurs à pied ont prise à la victoire :

« La division Camou a eu sa première brigade engagée dès neuf heures du matin. Le bataillon de chasseurs à pied, les 1er et 2e régiments de voltigeurs, sous les ordres du général Manèque, ont enlevé des positions redoutables vigoureusement défendues. De nombreux prisonniers, treize canons, un drapeau, sont les trophées de leur brillant combat. »

C'est de cette valeureuse division commandée par le général Camou que faisait partie, comme on vient de le voir, le bataillon des chasseurs à pied de la garde, auquel appartenait le caporal Monteilier, qui s'illustra ce jour-là par la prise d'un drapeau autrichien, glorieux fait d'armes raconté en ces termes par un témoin oculaire :

« Le caporal Monteilier, des chasseurs de la garde, s'élance au milieu d'un gros d'Autrichiens, renverse à coups de baïonnette les hommes des premiers rangs, pénètre jusqu'au porte-drapeau, le tue et s'empare du drapeau. Les Autrichiens se ruent sur lui pour reprendre leur drapeau ; mais le caporal redouble de bravoure. Il étend à ses pieds tous ceux qui s'approchent ; bientôt les chasseurs arrivent et le soutiennent ; l'ennemi est refoulé, et le drapeau reste au caporal.

« Le général Forey a pris ce drapeau au milieu même de la bataille, et l'a présenté à l'empereur en lui disant :

« — Sire, voici un drapeau que vous offre un de vos soldats.

« Sa Majesté a fait prendre le nom du caporal Monteilier et a chargé le général Forey de le remercier, au nom de l'empereur, du cadeau qu'il venait de lui faire. »

Afin de permettre à nos lecteurs de se bien rendre compte de l'ensemble des opérations auxquelles prirent part les chasseurs à pied dans cette glorieuse journée, nous allons transcrire ici une lettre écrite par un officier, du bivouac de Cavriana, à onze heures du soir, la nuit même de la bataille.

« Nous avons eu aujourd'hui, écrivait-il encore sous le coup des impressions de la journée, une terrible affaire qui peut faire le pendant de la bataille de Magenta, seulement sur une plus grande étendue de terrain. L'armée ennemie, complètement battue, a été forcée d'abandonner toutes ses positions, qui sont restées en notre pouvoir après une lutte gigantesque de seize heures. Seize heures de combat sans trêve ni repos ! Comprenez-vous cela ? Un champ de bataille d'une étendue de cinq lieues environ, où viennent se heurter 300,000 combattants animés par la présence de leurs souverains ! Quelle ligne de feu et de mitraille, et que de victimes ! Je crois que l'histoire moderne ne mentionne rien de semblable.

« Tous les corps d'armée, toutes les divisions et brigades, tous les régiments se sont couverts de gloire ; et s'il m'était possible de faire l'historique d'un seul, ce serait l'historique de tous, car tous ont bien mérité.

« Si à Magenta la 1re division de la garde, composée des grenadiers et des zouaves, a eu les honneurs de l'attaque et de la journée, je puis dire que la 2e division, dont je fais partie, voltigeurs et chasseurs à pied, a pris sa revanche sur les bords du Mincio. La 1re division, du reste, a très chaudement et très brillamment appuyé tous nos mouvements d'attaque.

« En disant plus haut seize heures de combat, je n'étais pas complètement exact, car la bataille, commencée à cinq heures du matin, a été interrompue vers cinq heures du soir par un orage épouvantable, qui forcément a imposé une heure de trêve environ. Au roulement du canon, au bruit de la fusillade qui, pendant dix heures consécutives, n'a pas cessé un instant, a succédé tout à coup le bruit formidable du tonnerre ; au feu et à la lumière de la poudre, la lueur éblouissante des éclairs, qui, sans interruption, éclairaient le ciel sombre, le feu de la foudre éclatant de toutes parts, des torrents de grêle et de pluie poussés par un vent arrière terrible, nous frappaient à dos ; par contre, l'armée autrichienne recevait l'ouragan en plein visage.

« A peine la voix de Dieu s'éteignait, que le combat reprenait avec acharnement ; et quelques heures plus tard, l'armée autrichienne était en pleine déroute.

« Au centre de la ligne de bataille, dans la direction de Castiglione à Solferino et Volta, le maréchal de Mac-Mahon avec tout le 2e corps d'armée ; à gauche, dans la direction de Peschiera, le 1er corps d'armée commandé par le maréchal Baraguey-d'Hilliers, et l'armée piémontaise, ayant à sa tête le roi Victor-Emmanuel en personne ; à notre extrême droite, les 3e et 4e corps, commandés par le maréchal Canrobert et le général Niel.

« Toute la garde impériale, massée derrière le 2e corps, formait la réserve. Elle était disposée de manière à se porter facilement dans toutes les directions pour appuyer tel ou tel corps. Telle est, en peu de mots, la position d'ordre de bataille de l'armée alliée.

« Sur toute la ligne de bataille, le combat a été terrible ; mais tout l'effort de l'ennemi s'est porté à notre extrême droite, sur le corps d'armée du général Niel, qui a opposé une énergie digne des plus grands éloges.

« Depuis Castiglione jusqu'au Mincio, en ligne directe, c'est un composé de mamelons fortifiés et de montagnes surplombant des gorges profondes, et formant d'excellentes positions d'attaque et de défense, qu'il a fallu successivement attaquer et prendre. Cette partie de la bataille a été la part du 2e corps, commandé par le maréchal de Mac-Mahon, et de la garde impériale. A la droite extrême de Castiglione, ce sont d'immenses plaines à perte de vue, où les 3e et 4e corps ont reçu les chocs terribles et successifs de l'armée autrichienne, qui, obligée de céder le terrain, s'est retirée en désordre. »

A la fin de son rapport à l'empereur sur la journée du 24 juin, le commandant en chef de la garde impériale ajoutait en *post-scriptum :*

« Je dois signaler à Votre Majesté M. Moneglia, lieutenant de chasseurs à pied, qui a pris dans le village de Solferino, quatre pièces de canon attelées, commandées par un colonel qui lui a remis son épée. »

Cette vaillante action de l'héroïque lieutenant avait précédé de quelques instants celle du chasseur Monteilier, qui, on l'a vu plus haut, s'empara d'un drapeau autrichien à Cavriana, position importante entourée de vieilles fortifications, où l'ennemi pouvait renouveler dans la ville et dans le château la longue résistance qu'il venait de nous opposer à Solferino, et qu'enleva vers cinq heures du soir la brigade Manèque, dont faisaient partie les chasseurs à pied de la garde.

Quant au 10e bataillon, c'est à l'attaque du cimetière de Solferino que le sergent Garnier s'empara du drapeau du 60e de ligne autrichien au moment où l'ennemi était forcé de se retirer pied à pied devant l'élan de nos soldats. L'extrait suivant du rapport du maréchal Baraguey-d'Hilliers, commandant en chef notre 1er corps d'armée, donnera une idée de l'acharnement du combat sur ce point important du champ de bataille :

« La division Ladmirault avait commencé son attaque en même temps que la division Forey; elle mit d'abord son artillerie en batterie, et, après une canonnade qui avait ébranlé l'ennemi, elle s'élança et enleva à la baïonnette les premières positions; mais bientôt ses charges firent démasquer des bataillons entiers fournissant le feu le plus serré et le plus meurtrier, et elle n'avança plus qu'à grand'peine et pied à pied. Le général de Ladmirault fut atteint d'un coup de feu à l'épaule, se retira un instant pour se faire panser, reprit le commandement et lança ses quatre bataillons de réserve qui imprimèrent à notre attaque une nouvelle impulsion; frappé d'une nouvelle balle, le général de Ladmirault fut contraint de remettre son commandement au général de Négrier.

« L'opiniâtre résistance de l'ennemi, les forces considérables qu'il nous opposait, et les difficultés que présentaient à la 2e division le terrain très rétréci des attaques et les feux croisés du mamelon aux cyprès et du cimetière crénelé contre lequel plusieurs charges au pas de course avaient vainement été tentées, me forcèrent à engager la division Bazaine. Le 1er régiment de zouaves et bientôt après le 34e vinrent appuyer la 2e division : l'ennemi couvrit nos colonnes de feux d'artillerie, de mousqueterie et de fusées, et tenta à plusieurs reprises des retours offensifs sur nos deux flancs. Le 37e fut aussi lancé en avant.

« Le cimetière arrêtait tous nos efforts ; voyant qu'il était indispensable de démolir cet obstacle, je donnai l'ordre d'y faire brèche en portant à découvert, à trois cents mètres du mur, dans un poste très périlleux, une batterie d'artillerie du 10e régiment, commandée par M. le capitaine de Canecaude. La demi-batterie de montagne et d'autres pièces des divisions concentrèrent leur tir dans la même direction. Après un feu bien dirigé et très nourri, les murs du cimetière, des maisons et du château étant suffisamment ébréchés, et l'artillerie ennemie du mamelon des cyprès ayant été éteinte par l'artillerie du général Forey et par la 9e batterie du 10e régiment de la 3e division, le général Bazaine lança sur le cimetière le 3e bataillon du 78e, commandé par le chef de bataillon

Lafaille, et fit sonner et battre la charge dans les deux divisions : toutes les troupes s'élancèrent et emportèrent le village et le château au moment même où la 1re division apparaissait sur le sommet de la tour et au bois des cyprès.... »

Voilà l'appréciation d'un général sur la bravoure de ses soldats dans un épisode de la journée. Voici maintenant toute la bataille résumée en quelques lignes par l'un des héroïques figurants du drame, un sergent-fourrier des chasseurs à pied de la garde, qui écrivait à sa mère une demi-heure après la bataille :

« Le 1er, le 2e voltigeurs et nous, nous avons pris successivement dix crêtes de mamelons. L'affaire a duré quatorze heures, pendant lesquelles nous avons été continuellement détachés par groupe de trente à quarante. Quinze chasseurs, dont je faisais partie, avec des voltigeurs, se sont emparés de six pièces d'artillerie, ont tué deux capitaines et pris le colonel. »

Ce sous-officier était un des plus jeunes du corps d'élite dont il faisait partie. Le jour de son départ, sa mère, inquiète et désolée, suivait à pied le régiment en marche, et recevait des camarades de son fils les plus touchantes consolations.

« Soyez tranquille, lui disait un ancien, nous en aurons grand soin ; et si par hasard il a trois ou quatre Autrichiens de trop, on les lui ôtera. »

On n'eut pas besoin de les lui ôter ; le jeune fourrier se chargea d'une bonne part de la besogne et s'en acquitta assez bien, comme le montre sa lettre, — la lettre courte et simple d'un brave.

IV.

LE 76e DE LIGNE.

Bataille de Solferino.

(24 juin 1859.)

Ce fut également à Solferino que le 76e de ligne mérita l'honneur de voir décorer son drapeau.

Nous venons de voir dans le chapitre précédent que, pendant cette glorieuse bataille, notre 4e corps d'armée, commandé par le général Niel, était placé à l'extrême droite de l'armée alliée, et qu'il eut pendant presque toute la journée à supporter le plus grand effort des troupes autrichiennes. Le 76e de ligne était l'un des régiments de ce vaillant corps d'armée qui fit preuve, ce jour-là, d'une infatigable énergie et d'une indomptable bravoure, et c'était à son 2e bataillon qu'appartenaient les fusiliers Clavel et Allègre, qui parvinrent à s'emparer d'un drapeau autrichien à l'attaque de la ferme de Casa-Nova, dans la plaine de Medole.

Durant toute cette longue journée de lutte incessante et meurtrière, le 76e de ligne ne cessa pour ainsi dire pas un instant de combattre au premier rang. Aussi, pour donner une idée de ses exploits à Solferino, ne saurions-nous mieux faire que de reproduire le rapport adressé par le maréchal Niel à l'empereur sur les divers engagements et combats de son corps d'armée ; car, nous le répétons, le 76e de ligne se trouva mêlé à toutes les opérations du 4e corps. Voici donc le rapport du maréchal Niel, daté du 27 juin 1859, au quartier général de Volta :

« Sire,

« Les troupes du 4e corps ont pris une large et glorieuse part à la bataille de Solferino. Je vais rendre à Votre Majesté un compte sommaire de cette rude journée.

« D'après l'ordre de marche du 24 juin, le quartier impérial devait se porter avec la garde de Montechiaro à Castiglione ; le 1er corps, d'Esenta à Solferino ; le 2e corps, de Castiglione à Cavriana ; le 3e corps, de Mezzane à Medole ; enfin le 4e corps, renforcé des deux divisions de cavalerie Partonneaux et Deveaux, de Carpenedolo à Guidizzolo. Le roi de Sardaigne devait occuper Pozzolengo.

« Le 4e corps s'est mis en route à trois heures du matin, les soldats ayant pris le café. Les trois divisions d'infanterie suivaient la route de Carpenedolo à Medole ; les batteries et le parc de réserve étaient intercalés entre la division Vinoy et la division de Failly ; la division de Luzy marchait en tête, éclairée par deux escadrons du 10e chasseurs, commandés par le général de Rochefort. La route traverse un pays couvert de riches cultures, d'arbres et de vignes ; elle est bordée par des fossés profonds et pleins d'eau. Les deux divisions de cavalerie marchaient sur la route de Castiglione à Goito, qui traverse une plaine de trois ou quatre kilomètres de largeur, où la cavalerie et l'artillerie peuvent facilement manœuvrer. Cette route passe à Guidizzolo.

Bataille de Solferino.

« A environ deux kilomètres de Medole, les escadrons du général de Rochefort, ayant rencontré des uhlans, les chargèrent avec impétuosité ; mais ils furent bientôt arrêtés par des troupes d'infanterie, qui occupaient le village en force, soutenues par de l'artillerie. Le général de Luzy prit immédiatement ses dispositions d'attaque ; il fit entourer le village des deux côtés de la route par plusieurs bataillons d'infanterie, sous les ordres des généraux Lenoble et Douay, et, dès qu'il fut en vue des premières maisons qu'occupait l'ennemi, il les fit canonner.

« Bientôt après, les mouvements de flanc étant bien prononcés, il fit battre la charge et aborda lui-même le village avec une forte colonne d'infanterie. Cette attaque, exécutée avec une grande bravoure, fut couronnée d'un plein succès. A sept heures, Medole était en notre pouvoir, et l'ennemi se retirait, ayant essuyé de grandes pertes et laissant entre nos mains deux canons et beaucoup de prisonniers.

« Au sortir de Medole, trois bataillons de la division de Luzy se portèrent sur la route de Ceresara, tandis que la brigade Douay marchait à la poursuite de l'ennemi vers Robecco, village situé à une lieue de Medole, sur la route de Guidizzolo. Cette brigade rencontra bientôt des forces supérieures qui arrêtèrent sa marche.

« Aussitôt que la division Vinoy vint déboucher du village de Medole, je fis porter en avant, vers la route de la plaine, huit pièces appartenant à la division de Luzy; la division Vinoy alla soutenir cette artillerie, repoussant en même temps l'ennemi qui occupait des petits fourrés dans la direction d'une maison isolée, nommée Casa Nova, qui se trouve sur la droite de la grande route de Goito, à deux kilomètres de Guidizzolo. Des combats acharnés se sont livrés pendant toute la journée autour de cette maison.

« Dès que je pus sortir du pays couvert que traverse le chemin de Medole, j'aperçus dans la plaine de fortes colonnes autrichiennes d'infanterie et de cavalerie qui faisaient face au corps du maréchal de Mac-Mahon, et qui menaçaient de m'envelopper dans le mouvement que je faisais sur leur flanc. La division Vinoy se forma en bataille dans une direction oblique qui me rapprochait du maréchal de Mac-Mahon, et, sous cet appui, je fis déboucher de Medole l'artillerie de réserve, qui se mit en batterie, ayant derrière elle et à sa gauche les divisions de cavalerie.

« Pour avoir un appui à sa droite, le général Vinoy enleva à l'ennemi la ferme de Casa Nova ; mais, occupant ainsi un front très étendu pour mes forces, j'attendais avec impatience la division de Failly, qui, de son côté, doublait de vitesse pour venir prendre part au combat.

« L'ennemi tente de tourner la gauche du général Vinoy dans l'espace que laissaient entre eux le 2e et le 4e corps. Une colonne d'infanterie, soutenue par une nombreuse cavalerie, s'approcha jusqu'à deux cents mètres de la division Vinoy ; mais elle fut arrêtée par la mitraille et les boulets des quarante-deux pièces d'artillerie des divisions et de la réserve, qui prenaient successivement leur poste de combat, et qui bientôt furent toutes en batterie sous l'habile direction du général Soleille.

« L'ennemi déploya à son tour son artillerie.

« Dans cette lutte, qui dura une grande partie de la journée, notre artillerie eut toujours un avantage incontestable, et ses terribles effets sont marqués par les débris d'hommes et de chevaux qui jonchent le sol.

« A mesure que le corps du maréchal de Mac-Mahon s'avançait, la division Vinoy, pivotant sur la Casa Nova, suivait le mouvement par l'aile gauche. Mais les forces ennemies, qui reculaient dans la plaine, portaient leurs efforts sur la Casa Nova et sur les premières maisons de Robecco, où se livraient des combats acharnés. Dès que la division de Failly put entrer en ligne, je donnai pour direction à sa tête de colonne le hameau de Baete, situé entre Robecco et la ferme de Casa Nova. Le général de Failly s'y porta avec la brigade O'Farrel, et je conservai sous ma main, comme réserve, la brigade Saurin.

« A partir de ce moment, mes troupes étaient disposées comme il suit, de la droite à la gauche : au village de Robecco, la division de Luzy; à Baete, la première brigade de la division de Failly; à gauche, dans la direction du maréchal de Mac-Mahon, la division Vinoy déployée, sept batteties d'artillerie et deux divisions de cavalerie.

« Le but que je poursuivais, et qui aurait donné de magnifiques résultats, si j'avais pu l'atteindre, c'était que, lorsque Cavriana serait au pouvoir du 2e corps, le maréchal Canrobert, arrivé à Medole, voulût bien envoyer en avant une ou deux de ses divisions pour occuper Robecco. Alors, avec les deux divisions de Luzy et de Failly, j'allais m'emparer de Guidizzolo, et, maître de l'embranchement des routes, je coupais la retraite, soit sur Goito, soit sur Volta, aux masses ennemies qui occupaient la plaine. Malheureusement, le maréchal Canrobert, menacé sur sa droite, ne jugea prudent de me prêter son appui que vers la fin de la journée.

« L'ennemi, qui sentait tout le danger que lui faisait courir ma marche sur Guidizzolo, réunit tous ses efforts pour l'arrêter. Une lutte des plus vives se prolongea pendant plus de six heures autour de la ferme de Casa Nova, au hameau de Baete et au village de Robecco. Quand le combat avait lieu par des feux d'infanterie, l'ennemi ayant l'avantage du nombre, je perdais du terrain. Alors je formais une colonne d'attaque avec un des bataillons de ma réserve, et la baïonnette nous donnait plus que la fusillade ne nous avait fait perdre.

« Dans ces combats incessants, j'ai eu le regret de voir tomber de braves soldats et des chefs bien dignes de les commander. Le colonel Lacroix, du 30e de ligne ; le colonel Capin, du 53e ; le colonel Broutta, du 43e (division Trochu) ; les lieutenants-colonels de Nenchèze, du 8e de ligne ; de Campagnon, du 2e de ligne ; des Ondes, du 5e hussards ; les chefs de bataillon Nicolas, Tiersonnier et Hébert, se sont fait tuer à la tête de leurs troupes.

« Le général Douay, qui s'est particulièrement distingué dans cette journée, et un grand nombre d'officiers supérieurs, ont reçu des blessures qui priveront momentanément l'empereur de leurs services. A toutes ces pertes j'en dois ajouter une qui m'est particulièrement sensible, celle du colonel du génie Jourjon, officier accompli, aussi remarquable par sa science que par ses qualités militaires.

« La cavalerie nous a été d'un puissant secours pour éloigner de la Casa Nova l'infanterie ennemie, qui renouvelait sans cesse ses efforts pour nous enlever ce point d'appui important. Les deux divisions de Partonneaux et Desveaux ont, à plusieurs reprises, chargé l'infanterie autrichienne avec une grande bravoure.

« Vers trois heures, M. le maréchal Canrobert, étant venu sur le champ de bataille pour juger par

Le général DOUAY.

lui-même ma position, envoya l'ordre à la division Renault, du 3e corps, qui observait la route de Medole à Ceresara, d'appuyer sur Robecco, et il ordonna en même temps au général Trochu d'amener sa première brigade sur le lieu même où se trouvait ma réserve, entre Casa Nova et Baete, car c'était toujours là que se portaient les plus grands efforts de l'ennemi.

« Voyant que j'allais être soutenu par des troupes fraîches, je formai immédiatement quatre bataillons de la division de Luzy en colonnes d'attaque ; j'y joignis deux bataillons de la division de Failly, qui formaient en ce moment mon unique réserve, et le général de Luzy conduisit les troupes dans la direction de Guidizzolo. La tête de colonne, formée par un bataillon du 30e de ligne, arriva jusqu'aux premières maisons du village; mais, trouvant devant elle des forces supérieures, elle dut se retirer.

« Nos soldats étaient, d'ailleurs, accablés par la fatigue ; ils marchaient et combattaient depuis douze heures sur un terrain complètement dépourvu d'eau, et, pendant cette lutte incessante, ils n'avaient pas eu le temps de manger.

« Cependant M. le maréchal Canrobert ayant bien voulu me promettre l'arrivée avant la nuit de la division Bourbaki, je voulus tenter un dernier effort sur Guidizzolo avec la brigade Bataille de la division Trochu, qui avait pris la place de ma réserve. Le général Trochu, ayant formé ses bataillons en colonnes serrées, les conduisit à l'ennemi en échiquier, l'aile droite en avant, avec autant d'ordre et de sang-froid que sur un champ de manœuvres. Il enleva à l'ennemi une compagnie d'infanterie et deux pièces de canon, et arriva jusqu'à demi-distance de la Casa Nova à Guidizzolo.

« Un violent orage, précédé de tourbillons de poussière, qui nous plongea dans l'obscurité, vint mettre fin à cette terrible lutte, et le 4e corps prit ses bivouacs sur un champ de bataille qu'il avait glorieusement conquis. Il a pris à l'ennemi UN DRAPEAU, *enlevé par des soldats du 76e de ligne*, et sept pièces de canon. Il a fait environ 2,000 prisonniers ; et, sur un champ de bataille qui a près de deux lieues de long, la marche du 4e corps est jonchée des cadavres de l'ennemi. La lutte a été longue et opiniâtre, et il n'est pas un bataillon du corps d'armée qui n'y ait pris part.

« Je ne puis citer à Votre Majesté les nombreux actes de bravoure dont j'ai été témoin ou qui m'ont été rapportés, mais je dois lui dire que chacun a fait noblement son devoir.... »

C'est dans la matinée, au moment de l'attaque et de la prise de la ferme de Casa Nova, que, pendant une charge à la baïonnette effectuée par le 2e bataillon du 76e, le fusilier Clavel, de la 3e compagnie, aperçut le porte-drapeau d'un régiment autrichien qui cherchait à s'éloigner du lieu de l'action, afin de mettre en sûreté l'étendard dont il avait la garde. S'élancer sur l'officier ennemi pour s'emparer du drapeau dont il était porteur fut pour Clavel l'affaire d'une seconde ; mais il s'attaquait à un brave. Une lutte très vive s'engagea aussitôt entre les deux hommes, et le fusilier français, malgré tout son héroïsme, était sur le point de succomber, lorsque le fusilier Allègre, de la même compagnie, se précipita au secours de son camarade.

Un instant après, Clavel et Allègre rapportaient triomphalement le drapeau autrichien et s'empressaient de le porter à leur colonel.

V.

LE 99e DE LIGNE.

Combat de la Baranca-Secca-d'Aouloingo et attaque du Cerro-Borrego.

(28 mai et 14 juin 1862.)

Sur les neuf drapeaux français décorés, nos lecteurs ont déjà remarqué sans doute que cinq ont mérité cet honneur dans des contrées lointaines, sur les champs de bataille du Mexique, durant cette malheureuse expédition où nos soldats furent employés à créer un empire éphémère en faveur d'un archiduc d'Autriche, et qui commença la série des fautes qui devaient conduire Napoléon III à sa perte, « par une politique tour à tour tracassière et faible, inquiétante pour les puissances étrangères et humiliante pour l'orgueil national. » Malheureusement, les fautes de l'empire, tout en causant la perte de ce régime, faillirent en même temps occasionner celle de la France.

On sait quelle fut l'origine de l'expédition du Mexique. L'avocat Benito Juarez venait d'être élu président de la République mexicaine.

« Indien de race, dit Henri Martin, probe, désintéressé, énergique, persévérant, patriote dévoué, n'ayant aucun des vices trop communs parmi ses compatriotes, il visait à faire cesser l'anarchie, à supprimer les privilèges exorbitants du clergé et de l'armée.... »

Malheureusement, la République mexicaine était à bout de ressources, et, pour lui en créer, Juarez suspendit pour deux ans l'exécution des conventions par lesquelles le Mexique avait affecté le revenu de ses douanes au payement de ses créanciers étrangers (17 juillet 1861). Ceux-ci se trouvaient être principalement en France, en Angleterre et en Espagne. Aussi, pour soutenir leurs nationaux ainsi lésés dans leurs intérêts, ces trois puissances rompirent-elles aussitôt toutes relations avec le Mexique et se préparèrent-elles à y envoyer une démonstration armée.

Aux mois de décembre 1861 et de janvier 1862, 6,000 soldats espagnols, 2,400 français et 1,000 anglais débarquèrent successivement à la Vera-Cruz. Il s'agissait d'agir de concert pour obtenir de Juarez une réparation équitable au dommage causé. Mais, au bout de quelques mois, en présence des exigences excessives formulées par l'un des plénipotentiaires français, les Espagnols et les Anglais refusèrent de s'associer à de semblables prétentions : leurs troupes partirent du Mexique, où les Français demeurèrent seuls.

Alors une véritable armée fut envoyée de France à grands frais. Pendant plus de trois ans, nous eûmes de 40,000 à 50,000 hommes constamment occupés à soutenir une lutte sans trêve contre les troupes sans cesse renaissantes de l'énergique Juarez. Le général Forey d'abord, puis son successeur le général Bazaine, firent remporter à nos soldats de nombreuses victoires, souvent glorieuses, mais presque toujours inutiles, car il était impossible, avec le faible effectif dont ils disposaient, d'occuper efficacement un pays aussi vaste que le Mexique. Partout où se présentaient nos troupes, partout où elles tenaient garnison, nous étions les maîtres; mais, dès qu'elles se retiraient d'un point quelconque de cet immense territoire, Juarez revenait l'occuper avec ses guérillas, et tout était à recommencer pour nous, d'autant plus que la masse de la population ne supportait qu'avec peine la présence des troupes étrangères et de l'empereur autrichien qu'elles étaient venues lui imposer.

Car Napoléon III s'était mis en tête de modifier la forme du gouvernement au Mexique, d'y créer un empire à la place de la république ; il avait offert la couronne impériale du Mexique à l'archiduc Maximilien d'Autriche et avait réussi à la lui faire accepter. Le prince autrichien s'était embarqué avec sa femme, l'archiduchesse Charlotte, le 14 avril 1864, et s'était rendu à Mexico pour monter sur le nouveau trône, dont la possession semblait lui être garantie pour toujours par l'empereur des Français.

Tout alla à peu près bien tant que nos soldats demeurèrent au Mexique; mais il arriva un moment où, malgré ses promesses à Maximilien,

Napoléon III se vit contraint de rappeler notre armée en France : il abandonna complètement le nouvel empereur, qui, tout à fait impopulaire, ne tarda pas à devenir la malheureuse et héroïque victime de celui qui l'avait inconsidérément poussé au trône.

En effet, comme le dit fort justement M. Périgot, « à la suite d'une réclamation impérieuse des Etats-Unis contre l'intervention de la France au Mexique, et l'établissement d'une monarchie sur les ruines des institutions républicaines, le gouvernement français avait dû rappeler ses troupes (mars 1867), et l'empereur Maximilien avait été pris et fusillé par le président Juarez (19 juin). Cette fin déplorable d'une expédition mal entreprise et mal conduite remua profondément l'opinion publique (en France), d'autant plus que la guerre du Mexique avait empêché la France d'avoir une politique ferme dans les affaires européennes. Napoléon III avait laissé l'Italie et la Prusse, dans la guerre de 1866, écraser l'Autriche, et l'on voyait se former, à la place de l'ancienne Confédération germanique, puissance essentiellement défensive, la Confédération de l'Allemagne du Nord, Etat agressif sous la domination prussienne, et redoutable pour notre frontière découverte de la Moselle et du Rhin. Les conséquences ne tardèrent pas à se faire sentir.... »

La guerre de 1870 et la perte de l'Alsace et de la Lorraine furent pour nous, on le voit, l'une des conséquences, et sans contredit la plus douloureuse, de cette expédition du Mexique, si follement entreprise et si bizarrement conduite par le gouvernement de Napoléon III.

Il nous a paru nécessaire de résumer en quelques lignes les considérations générales sur l'expédition du Mexique que l'on vient de lire, avant de raconter ceux des faits d'armes de nos valeureux soldats qui ont valu à cinq de nos régiments la glorieuse distinction de la croix de la Légion d'honneur attachée à la hampe de leur drapeau. Tous ces faits d'armes ont eu lieu dans les premiers temps de notre séjour au Mexique, pendant les années 1862 et 1863, durant la période de l'expédition que l'on peut vraiment appeler héroïque. Le 99e de ligne, représenté par deux des compagnies de son premier bataillon, eut tout l'honneur du premier de ces faits d'armes.

En effet, ce régiment prit une part des plus glorieuses à l'expédition du Mexique. Embarqué à Cherbourg le 2 février 1862, il ne rentra en France qu'aux mois de janvier et février 1865, après s'être vaillamment signalé dans maintes rencontres, notamment à la défense d'Orizaba, racontée de la façon suivante dans le *Résumé historique* (1) de ce brave régiment :

« Le 99e de ligne reçoit dans la nuit du 12 au 13 juin 1862 l'ordre de rentrer dans Orizaba, menacée d'une attaque sérieuse; il est chargé de défendre le point le plus important : la porte de Puebla.

« Dans la nuit du 13 au 14, le colonel l'Hérillier est informé qu'un corps de 2,000 Mexicains, sous les ordres du général Ortega, se dispose à occuper le Cerro-Borrego, montagne touchant à la ville, s'élevant à deux cent cinquante mètres environ au-dessus d'elle, et dont les pentes à quarante et un degrés semblaient inaccessibles.

« L'ennemi maître de cette position, la défense de la ville devenait impossible.

---

(1) Lyon. Imprimerie Mongin-Rusand.

Combat d'Orizaba.

« Le colonel donne à minuit l'ordre à la 3e compagnie du 1er bataillon, commandée par le capitaine Détrie, de gagner les hauteurs du Cerro-Borrego, et de s'y maintenir à tout prix.

« A une heure et demie, cette compagnie, après avoir vaincu les plus grandes difficultés, atteignit les premières crêtes; son avant-garde était reçue par une fusillade de l'ennemi surpris.

« Le capitaine Détrie s'élance à la tête de ses hommes avec la plus grande intrépidité; une lutte corps à corps s'engage, l'ennemi n'a plus le temps de compter le petit nombre des assaillants, et recule pour aller se reformer en arrière.

« La 2e compagnie, commandée par le capitaine Leclère, arrive au secours de la 3e compagnie, et l'ennemi, attaqué avec une nouvelle vigueur, lâche pied devant l'intrépidité des assaillants, et fuit bientôt en un désordre complet.

« Cent vingt combattants venaient de sauver le corps expéditionnaire, chassant 2,000 ennemis d'une position jusqu'alors jugée inaccessible.

« Le corps d'Ortega laissait entre nos mains quatre obusiers de montagne, un drapeau, trois fanions, des armes, soixante prisonniers et deux cent cinquante tués ou blessés.

« Les deux compagnies eurent de leur côté quatre officiers blessés, cinq sous-officiers et soldats tués et quatorze blessés.

« Soldats et marins, dit dans son ordre du « jour le général commandant en chef, l'histoire « présente peu d'exemples d'une intrépidité égale « à celle qu'ont montrée les 2e et 3e compagnies « du 1er bataillon du 99e dans l'attaque de Cerro-« Borrego.

« Hâtez-vous de reconnaître que la compagnie « du capitaine Détrie, d'abord, et ensuite celle du « capitaine Leclère, se sont illustrées non seu-« lement par leur héroïque courage, mais qu'elles « ont acquis des titres à la considération particu-« lière de l'armée, par le service éminent qu'elles « lui ont rendu en occupant la position du mont « Borrego. »

Déjà, quinze jours avant l'héroïque fait d'armes du Cerro-Borrego, au combat de la Baranca-Secca-d'Aculcingo (28 mai 1862), le 99e de ligne s'était également emparé d'un autre drapeau ennemi.

Deux drapeaux et trois fanions conquis en quinze jours sur deux champs de bataille, c'était plus qu'il n'en fallait pour faire décorer le drapeau du 99e. Aussi, peu de temps après, un décret impérial autorisa-t-il ce vaillant régiment à porter la croix de la Légion d'honneur attachée à la hampe de son étendard.

VI.

LE 1er CHASSEURS D'AFRIQUE.

Le siège de Puebla. — Combat de San-Pablo.

(5 mai 1863.)

Nous avons déjà vu dans le premier chapitre de ce volume que les quatre autres régiments français qui, avec le 99e de ligne, gagnèrent sur les champs de bataille du Mexique la décoration pour leur drapeau, méritèrent ce suprême honneur à la fin du siège de Puebla, dans les derniers combats livrés, les 5 et 8 mai 1863, sous les murs de cette place héroïquement défendue par le général Ortega, l'un des meilleurs lieutenants du patriote Juarez.

Afin de mieux faire ressortir la bravoure de nos

vaillants régiments, il est nécessaire de faire précéder le récit particulier de leurs exploits de quelques détails sur ce siège, pendant lequel les actions courageuses furent nombreuses aussi bien chez les assiégés que parmi les assiégeants.

Dès le début de notre expédition au Mexique, lorsque l'Angleterre et l'Espagne se furent séparées de nous, à la fin d'avril 1862, nous avions déja tenté de nous emparer de Puebla, place importante qui ouvrait le chemin de la capitale, Mexico. Nos troupes, peu nombreuses encore, étaient alors commandées par le général Lorencez. « Il fut reçu à coups de canon et à coups de fusil, ne réussit pas à s'emparer des hauteurs qui couvrent les abords de Puebla, et dut opérer sur Orizaba une retraite difficile et périlleuse. Il ne sauva son petit corps d'armée qu'à force d'intelligence et d'énergie (mai 1862). »

Dès que le général Forey fut arrivé au Mexique à la tête de nombreuses troupes de renfort, son objectif fut naturellement de s'emparer de la capitale, et, pour arriver à le réaliser, il lui fallut commencer par marcher contre Puebla, qui défendait la route de Mexico.

« Pourtant, l'attaque de Puebla ne put être renouvelée qu'en mars 1863, dit Henri Martin. Un des forts détachés qui protégeaient la ville fut emporté le 29 mars ; mais le corps de la place fut défendu avec grande vigueur. Le commandant de Puebla, le général Ortega, très capable et très énergique, avait tout préparé pour faire de sa ville une nouvelle Saragosse ; cinquante églises et couvents aux épaisses murailles étaient devenus autant de forteresses reliées entre elles par des lignes de fossés et de barricades. Il fallait attaquer, les uns après les autres, ces îlots hérissés d'artillerie. On dut, faute de canons de siège et de munitions suffisantes, interrompre ces assauts meurtriers. Le général Forey s'efforça de réduire par la famine l'ennemi qu'il ne pouvait abattre par la force. Il compléta l'investissement de la place ; puis il détacha un corps de troupes contre une petite armée mexicaine qui essayait d'introduire un convoi dans la ville. Le commandant du corps français était le général Bazaine, récemment débarqué au Mexique. Bazaine défit les troupes de secours (8 mai).

« L'artillerie de siège et les munitions nous

Entrée du général Forey à Mexico.

étaient arrivées. Les assiégés n'avaient plus de ravitaillement à espérer. La poudre et le pain leur manquaient. Ortega se résigna à capituler. Il fit enclouer ses canons, briser ses fusils, licencia ses soldats, et se rendit prisonnier avec ses officiers (17 mai).

« Le sort de Puebla décidait de celui de Mexico. Puebla est situé au delà des montagnes, sur le haut et salubre plateau central appelé l'Anahuac, au point de jonction des principales routes du Mexique. La capitale ne pouvait se défendre avec chance de succès contre l'armée en possession de Puebla. Juarez le comprit : il évacua Mexico, résolu à continuer la guerre partout, excepté dans la capitale, la petite guerre, s'il ne pouvait faire la grande. »

Il la fit en effet pendant plusieurs années avec une si énergique persévérance et un tel patriotisme, qu'il réussit finalement à faire demeurer le Mexique libre et seul maître de ses destinées.

A la suite de la prise de Puebla, l'armée française entra sans résistance à Mexico le 10 juin. Mais revenons au siège de Puebla, la seule des opérations de l'expédition dont nous ayons à nous occuper ici.

Nous venons de voir que la ville de Puebla était formée de nombreux groupes de maisons, véritables îlots séparés par des rues se coupant à angle droit, et dans lesquels les Mexicains s'étaient fortement retranchés. Dès le 2 avril, les troupes françaises avaient réussi à s'emparer de plusieurs de ces îlots, et elles continuèrent pendant plusieurs jours encore à cheminer vers l'intérieur de la ville. Mais on avançait lentement, car chacun de ces îlots formait une forteresse dont il fallait successivement s'emparer.

Le peu d'artillerie dont on disposait rendit de grands services dans cette guerre de rues. Nos artilleurs surent par leur habileté et leur dévouement suppléer à l'infériorité relative de leurs moyens d'action. On construisit une sorte de blockhaus sur roues, pouvant contenir un obusier de montagne, ses servants, et cinq ou six tirailleurs. Pendant que le canon battait les barricades, enfilait les rues et empêchait les rassemblements de s'y former, quelques hommes pouvaient faire marcher facilement ce blockhaus : il avançait ainsi dans les rues sans que les balles pussent atteindre nos hommes.

Le passage des rues sous la fusillade s'exécutait encore au moyen de *caponnières* volantes composées de compartiments mobiles se raccordant sur le terrain : chaque compartiment était porté par des soldats qui s'en servaient comme d'un large bouclier.

On put ainsi s'emparer successivement de plusieurs îlots : deux entre autres furent enlevés le même jour, le 19 avril, par les troupes de la division du général Douay, qui, dans cette pénible guerre de rues, firent constamment preuve d'un entrain et d'une bravoure remarquables.

Puis, tout en continuant l'attaque des îlots, mais un peu plus mollement et à d'assez longs intervalles, afin de ne pas épuiser l'ardeur des soldats, le général en chef, qui venait enfin de recevoir son artillerie de siège, compléta l'investissement de Puebla et se prépara à empêcher le général mexicain Comonfort de venir secourir la place.

Les attaques dans l'intérieur de la ville furent alors dirigées simultanément de deux côtés à la fois, par San-Marco et par Morelos. Le général Douay, établi dans le pénitencier avec son état-major, dirigeait les attaques de gauche, et le général Bazaine, chargé des attaques de droite, avait élevé des ouvrages de défense et des batteries au delà de l'église de San-Balthazar, qui lui permettaient de prolonger les feux dans toute la longueur des rues.

Le 14 avril, une de nos reconnaissances, commandée par le colonel Brincourt, rencontra, près d'Atlesco, Etchegaray, chef d'état-major de Comonfort, et Carbajal, un de ses lieutenants, qui s'étaient avancés sur cette ville par des routes différentes, afin de réunir leurs forces qui s'élevaient à mille cavaliers, deux mille fantassins et trois pièces rayées. Le colonel Brincourt réussit à les attaquer séparément et à les mettre successivement en déroute. L'armée de secours fut ainsi momentanément écartée de Puebla, mais elle ne tarda pas à se reformer, à se renforcer et à revenir à l'aide de la ville assiégée : c'est contre elle que furent livrés les combats de San-Pablo et de San-Lorenzo dont nous allons parler tout à l'heure

Quant aux défenseurs de Puebla, qui étaient sans doute avertis de la marche d'Etchegaray et de Carbajal, ils tentèrent, le 15 avril, vers cinq heures du soir, une sortie contre nos ouvrages de San-Balthazar : ils furent reçus de telle façon par nos soldats, qu'ils furent bientôt contraints de s'arrêter, puis de rentrer en toute hâte dans la partie de la ville qu'ils occupaient encore.

Cependant le général Comonfort n'abandonnait pas l'espoir de nous forcer à lever le siège de Puebla. Il revint en forces au commencement de mai et ne se retira définitivement, cette fois, qu'après avoir été défait dans deux sanglantes rencontres, les 5 et 8 mai. Ce fut dans le premier de ces deux combats, à San-Pablo, qui fut surtout un engagement de cavalerie, que le brigadier Borde, du 1er chasseurs d'Afrique, accomplit la brillante action qui valut la croix de la Légion d'honneur au drapeau de son régiment. Le vaillant sous-officier se précipita sur un groupe de cavaliers ennemis dont l'un était porteur d'un étendard, sabra vigoureusement à droite et à gauche, parvint jusqu'au porte-étendard, qu'il abattit d'un coup de sabre, et lui arracha des mains le drapeau mexicain qu'il rapporta triomphalement.

Du milieu d'avril au milieu de mai les opérations de l'investissement de Puebla, investissement qu'avait rendu possible l'arrivée de l'artillerie, avaient été poursuivies régulièrement et sans relâche. La ville ne pouvait plus tarder à se rendre à discrétion.

Le samedi 16 mai, nos troupes, qui avaient ouvert une parallèle à cent quatre-vingts mètres du fort de Téotiméhuacan, ouvrirent un feu nourri d'artillerie sur cette position et en démontèrent toutes les pièces : les assiégés se défendirent bravement.

Le lendemain, des parallèles furent continuées et poussées près de l'ouvrage, et des brèches faites, lesquelles étaient déjà suffisantes pour l'assaut.

Le général mexicain Mendoza se présenta alors au camp français, demandant au général Forey à laisser sortir de Puebla les troupes mexicaines avec leurs armes et une partie de leur artillerie ; à ces conditions, disait-il, la place se rendrait.

Le général Forey s'y refusa formellement.

Entrée des troupes françaises dans Puebla.

Alors, le même jour, à cinq heures, un parlementaire apporta une lettre du général Gonzalez Ortega au général Forey, annonçant qu'il se rendait à discrétion avec ses troupes.

A la suite de cette communication, le colonel Manèque fut envoyé occuper la place avec le 1er bataillon de chasseurs à pied et un escadron de hussards. Les troupes françaises continuèrent à entrer dans la ville les 17, 18 et 19 mai. Ce dernier jour, à onze heures du matin, le général Forey fit son entrée dans Puebla.

La reddition sans conditions qu'Ortega s'était vu contraint de subir, faisait tomber entre nos mains vingt-cinq généraux (y compris le général en chef Ortega), neuf cents officiers, et de quinze à dix-sept mille soldats, avec leur matériel d'artillerie, munitions, armes et bagages.

VII.

LE 3e DE ZOUAVES.

Combat de San-Lorenzo.

(8 mai 1863.)

La plupart des engagements qui eurent lieu entre nos soldats et les Mexicains, soit dans l'intérieur de Puebla, soit autour de son enceinte, pendant la durée du siège de cette ville, n'avaient été en général, jusqu'au 8 mai, que des escarmouches et des affaires d'avant-postes ; rudes et sanglantes escarmouches sans doute, surtout dans la guerre de rues ; mais en somme ce n'étaient point de véritables combats comme celui de San-Lorenzo, dans lequel fut défaite l'armée que le général Comonfort amenait au secours de Puebla. Nos divers régiments engagés rivalisèrent d'ardeur dans cette rencontre : tous se couvrirent de gloire, et trois d'entre eux se signalèrent d'une façon exceptionnelle par la prise de quatre drapeaux et de six fanions.

Le 3e de zouaves fut l'un de ces trois héroïques régiments ; il conquit ce jour-là le droit de placer à la hampe de son drapeau la croix de la Légion d'honneur, à côté de la médaille qui lui avait été décernée par le roi Victor-Emmanuel pour sa vaillante conduite en Italie, au combat de Palestro, comme on le verra dans le dernier chapitre de ce petit volume.

Voici en quels termes le général Forey annonçait de Cerro San Juan, le 18 mai 1863, au maréchal Randon, alors ministre de la guerre, le brillant combat de San-Lorenzo :

« Monsieur le maréchal,

« J'ai l'honneur de rendre compte à Votre Excellence du combat qui a eu lieu le 8 de ce mois à San-Lorenzo.

« Depuis longtemps je suivais les mouvements de Comonfort, espérant trouver une occasion favorable de l'aborder vigoureusement. Les troupes du général mexicain étant restées, jusqu'aux premiers jours de ce mois, dispersées sur plusieurs points entre Puebla et San-Martin d'un côté, entre Puebla et Tlascala d'un autre côté, il ne pouvait résulter aucun succès définitif d'une attaque partielle sur un de ces points, qui n'eût abouti qu'à donner l'éveil sur les autres. Mais, le 5 mai, un mouvement de concentration du corps mexicain se prononça, et sa cavalerie s'avança jusqu'à San-Pablo del Monte pour tâter le terrain. L'intention de Comonfort était évidemment de chercher à percer notre ligne d'investissement pour faire arriver un convoi à la garnison, qui, de son côté, fit ce jour-là une sortie pour lui tendre la main. Cette tentative ayant échoué, le général mexicain, restant toujours sur la route de Tlascala, vis-à-vis de San-Pablo, étendit sa droite sur le plateau de San-Lorenzo, dont il fit un point d'appui où il amena du canon et se fortifia, espérant sans doute s'emparer des hauteurs du Cerro de la Cruz, battre de ce point notre ligne d'investissement, en même temps qu'il eût fait un effort sur San-Pablo del Monte, et réussir à jeter son convoi dans la place.

« En effet, le 6, il parut vouloir mettre ce projet à exécution. Des masses d'infanterie se blottirent dans les barrancas qui séparaient les deux armées, attendant sans doute l'effet de l'artillerie de San-Lorenzo pour assaillir le Cerro de la Cruz ; mais ces hauteurs furent fortement occupées par le général Marquez, renforcé par quelques-unes de nos troupes. L'artillerie ennemie fut contre-battue avec succès par la nôtre, qui débusqua l'infanterie mexicaine des barrancas où elle s'était massée, et ce fut encore de la part de l'ennemi une tentative avortée.

« La journée du 7 se passa, de son côté, à mieux combiner ses projets, à se retrancher fortement sur le plateau de San-Lorenzo, méditant sans doute un coup décisif prochain. De mon côté, je jugeai le moment favorable au dessein que j'avais formé d'assaillir le corps de Comonfort, dès qu'il serait assez concentré pour espérer obtenir un succès important en le détruisant, et j'arrêtai les dispositions pour attaquer l'ennemi le 8 au matin, en le tournant par sa droite établie solidement à San-Lorenzo.

« Dans la soirée du 7, quatre bataillons, quatre escadrons, huit pièces de canon et une section du génie furent réunis au pont de Mexico, l'infanterie sous les ordres du général Neigre, la cavalerie sous les ordres du général de Mirandol, l'artillerie sous la direction du commandant de la Jaille. J'avais confié le commandement de cette colonne au général Bazaine.

« Celui-ci avait l'ordre de quitter son campement à une heure du matin, de suivre la route de Mexico dans le plus grand silence jusqu'à hauteur de San-Lorenzo, et là, de tourner à droite pour arriver au point du jour en vue de la position à enlever.

« Tout réussit à souhait et sans autre incident que la rencontre de quelques vedettes et d'un avant-poste qui fut enlevé par la cavalerie du colonel de la Pena. A cinq heures du matin, les troupes, en échelons par bataillon en colonne à distance entière, précédées de la batterie de la garde et flanquées à gauche par la cavalerie, se dirigeaient, l'aile gauche en avant, sur les retranchements construits autour de l'église de San-Lorenzo.

« Les Mexicains, quoique surpris par cette attaque, avaient cependant eu le temps de courir aux armes, et avaient ouvert un feu violent d'artillerie à douze cents mètres. Le nôtre y répondit bientôt avec succès, et toute la ligne, au pas de charge, se précipita, avec un élan irrésistible et aux cris enthousiastes de *Vive l'empereur!* sur la position, qui fut enlevée malgré une résistance désespérée des soldats mexicains, dont une grande quantité fut tuée à coups de baïonnette. Les autres se débandèrent et cherchèrent à se sauver par le gué de Pensacola en se précipitant dans la barranca de l'Atoyac; mais, mitraillés par notre artillerie, poursuivis par la cavalerie du général de Mirandol d'un côté et celle du général Marquez, qui était descendu du Cerro de la Cruz, ces malheureux Mexicains jonchèrent la campagne de morts et de blessés jusqu'à Santa-Tuez, où le général Marquez, voyant l'ennemi dans une déroute complète et fuyant de toutes parts dans un affreux désordre, cessa la poursuite.

« Dans ce brillant combat, l'ennemi a laissé

entre nos mains : huit canons dont six rayés, trois drapeaux, onze fanions, un millier de prisonniers, parmi lesquels plusieurs colonels et officiers supérieurs, la plus grande partie du convoi destiné au ravitaillement de la place de Puebla, et consistant en voitures et mulets chargés de vivres et d'effets de toute nature, ainsi qu'en troupeaux. Des munitions d'artillerie, trois mille cinq cents kilogrammes de poudre sont, en outre, tombés en notre pouvoir. Huit ou neuf cents hommes tués ou blessés, et l'armée entière de Comonfort totalement dispersée, tel est le résultat de cette victoire, qui ne nous a coûté que onze tués et dix-neuf blessés.... »

C'est au moment où notre colonne d'attaque se précipita à la baïonnette à l'assaut des retranchements élevés par les ennemis autour de l'église de San-Lorenzo, que le sous-lieutenant Henry et le zouave Stum, du 3e de zouaves, parvenus des premiers à franchir les barricades, se précipitèrent au milieu des soldats mexicains qui résistaient encore et massacrèrent deux porte-drapeaux, à qui ils arrachèrent les étendards qu'ils rapportèrent à leur commandant.

VIII.

LE 51e DE LIGNE.

San-Lorenzo (8 mai 1863). — Valle-Santiago (3 février 1864). — Guaymas (29 mars 1865).

Deux drapeaux et trois fanions, telle fut la glorieuse moisson que le 51e de ligne fit au Mexique dans trois combats et en deux ans, de 1863 à 1865. Le 51e est d'ailleurs un de nos plus vaillants régiments; l'héroïsme est héréditaire parmi ses soldats, qui sont justement fiers de montrer inscrits sur leur drapeau les noms glorieux d'*Arcole*, d'*Eylau*, de *Bomarsund* et de *San-Lorenzo*.

Au Mexique comme sur les champs de bataille

du continent européen, partout où il fut engagé, le 51e de ligne se distingua en effet par son élan, son ardeur indomptable et son continuel héroïsme. Au combat de San-Lorenzo, ses soldats partagèrent avec ceux du 1er chasseurs d'Afrique, du 3e de zouaves et du 3e tirailleurs algériens, l'honneur de conquérir les étendards de l'armée de Comonfort; ils rapportèrent de la mêlée, ce jour-là, deux fanions mexicains. L'année suivante — car la prise de Puebla et l'entrée des Français à Mexico n'avaient nullement arrêté l'ardeur de Juarez à nous combattre, et la guerre continuait avec un acharnement de plus en plus violent des deux côtés — l'année suivante, au combat de Valle-Santiago (le 3 février 1864), ce furent un drapeau et un autre fanion que conquit le 51e de ligne. Enfin, un an plus tard, le 29 mars 1865, à Guaymas, un nouveau drapeau mexicain était ajouté par ses valeureux soldats à leurs précédents trophées. Ils avaient ainsi à leur actif deux drapeaux et trois fanions : on voit qu'ils ont bien gagné la croix de la Légion d'honneur qui brille à leur glorieux drapeau.

Nous avons vu précédemment que le général

Le 51e de ligne s'empare d'un drapeau mexicain au combat de Valle-Santiago.

Forey avait effectué le 10 juin 1863 son entrée solennelle à Mexico. D'une façon apparente le Mexique, ou du moins une partie de sa population, semblait accepter les faits accomplis et abandonner de plus en plus la cause de Juarez : l'occupation de la capitale par les troupes françaises paraissait devoir pacifier définitivement le pays. Les bandes demeurées fidèles à Juarez s'étaient forcément retirées dans les provinces les plus voisines des frontières, et l'on ne supposait pas qu'elles fussent de longtemps en mesure de s'opposer à la nouvelle organisation du pays.

On se trompait à cet égard comme à bien d'autres; Juarez déploya une telle activité dans sa résistance aux projets de Napoléon III, que l'armée dut se multiplier pour faire face aux attaques sans cesse renouvelées de tous les côtés par des poignées de Juaristes organisés en bandes, en guérillas. En effet, après la prise de Mexico, nos énergiques adversaires avaient renoncé à la grande guerre, dans laquelle ils venaient d'être vaincus, pour inaugurer la petite, la guerre de partisans, qui finit par leur réussir.

Nous avons vu dans un chapitre précédent que Napoléon III s'était mis en tête de transformer la république mexicaine en un empire, et avait trouvé un empereur disposé à prendre possession de ce trône dont il voulait être le fondateur. Aussi, à peine entré à Mexico, le général Forey avait-il institué une junte, c'est-à-dire une assemblée de gouvernement, qui délégua le pouvoir à un triumvirat composé de deux généraux réactionnaires, Almonte et Salas, et de l'archevêque de Mexico. Par cette assemblée, qui lui était toute dévouée, et par le triumvirat, qui ne pouvait rien lui refuser, le commandant de l'expédition française fit décider l'établissement d'une monarchie et désigner, le 10 juillet 1863, pour le trône de cette monarchie l'archiduc Maximilien d'Autriche. Une députation fut chargée d'aller offrir à Maximilien un sceptre d'or.

Ce ne fut pourtant pas le général Forey qui reçut dans sa capitale le nouvel empereur. Rappelé à Paris, après avoir été nommé maréchal de France, il avait été remplacé à la tête de nos soldats par un de ses lieutenants, le héros de San-Lorenzo, le général Bazaine, qui devait plus tard, en 1870, terminer à Metz sa carrière militaire si tristement pour lui, si malheureusement pour nous. Ce fut donc Bazaine qui, au mois de mai 1864, reçut Maximilien à Mexico. Dès cette époque, ce triste personnage — général d'une incontestable bravoure, mais d'une réputation surfaite — était dévoré d'une ambition effrénée ; aussi ne montra-t-il point plus de loyauté envers l'empereur du Mexique que plus tard à l'égard de sa patrie.

« Ne pensant qu'à ce qu'il pouvait tirer de la situation pour son intérêt personnel, dit Henri Martin, il ne tint jamais aucun compte des intérêts du prince qu'il avait mission de protéger. Ses calculs égoïstes rendaient inutiles les dispositions de ses lieutenants, qui eussent soutenu loyalement Maximilien. »

Dès les premiers jours de son séjour à Mexico, le nouvel empereur s'aperçut bien que les dispositions du pays n'étaient pas telles qu'on les lui avait fait entrevoir, et que sa situation, comme souverain, demeurerait longtemps difficile. Il ne renonça cependant point à l'aventure dans laquelle on venait de le lancer : par amour-propre, il tint à demeurer au péril, et jusqu'au dernier moment il montra la même noblesse de caractère.

On sait que, abandonné par Napoléon III, qui avait retiré nos soldats du Mexique, Maximilien tenta vaillamment de tenir tête à Juarez avec les quelques Mexicains qui lui étaient restés fidèles et qu'il fut fait prisonnier à Queretaro le 15 mai 1867 Traduit devant un conseil de guerre composé d'officiers juaristes, il fut condamné à mort avec les deux généraux faits prisonniers en même temps que lui. Alors Maximilien adressa à Juarez « une très noble lettre, où il demandait la vie, non pour lui, mais pour ses compagnons, les généraux Miramon et Mejia. *Que je sois seul frappé,* disait-il; *que mon sang soit le dernier versé!* »

Les trois condamnés tombèrent le 19 juin sous les balles du peloton d'exécution.

L'impératrice Charlotte, la femme dévouée du malheureux souverain, devint folle en apprenant la fin tragique de son mari.

Qu'on nous pardonne la digression à laquelle nous venons de nous laisser entraîner : il nous a semblé que les infortunes imméritées de l'empereur Maximilien ne pouvaient être passées sous silence, quand il allait être question d'une de nos dernières opérations au Mexique, — car la prise de Guaymas par deux compagnies du 51e de ligne est l'un des faits de guerre de la dernière période de notre occupation militaire de ce pays, et l'un des plus rapidement conduits, comme on va le voir.

Guaymas est un port de mer dont la possession nous était très utile pour nous permettre d'assurer le ravitaillement de nos colonnes qui opéraient dans l'intérieur du pays et à proximité dans la même province; aussi fut-il décidé qu'on chercherait à s'en emparer en attaquant les partisans de Juarez qui y tenaient garnison.

Dans ce but, une colonne française, répartie sur le *Lucifer*, le *d'Assas*, la *Cordelière* et la *Pallas*, quitta Mazatlan le 25 mars 1865 : la flottille arriva devant Guaymas le 29. La garnison de la place, forte cependant de onze cents hommes, sous les ordres des généraux juaristes Patoni, Jescaïro et Robinson, fut tellement surprise par l'apparition de l'escadre, qu'elle n'osa pas s'opposer au débarquement.

Le colonel Garnier, avec deux compagnies du

51e de ligne, protégé par les grands canots de la marine prêts à faire feu, atteignit le môle et pénétra dans la ville sans tirer un coup de fusil.

L'ennemi, qui s'était retiré par la porte d'Hermosillo, avait paru pendant un instant vouloir prendre position; mais l'arrivée du colonel Garnier et les obus du *Lucifer* et du *d'Assas* le contraignirent bientôt à fuir, en abandonnant son drapeau, des armes, des bagages et une partie de son convoi.

Toutes les mesures furent immédiatement prises pour mettre la ville en état de défense et organiser le casernement des troupes et des magasins.

Deux jours après, le 31 mars, le colonel Garnier fit une reconnaissance aux environs de Guaymas; non seulement l'ennemi avait entièrement disparu, mais il avait dû s'en aller fort loin, car il ne fut pas possible d'en avoir des nouvelles.

La place de Guaymas, facile à ravitailler par mer et à l'abri de tout retour offensif, était un point d'occupation sûr et fort important à conserver pour le succès de nos opérations ultérieures. Seulement, le brave colonel Garnier, qui pensait avoir par là assuré pour longtemps nos succès, comptait, comme d'ailleurs tous les autres chefs de nos vaillants soldats, sans l'intervention impérieuse des Etats-Unis, qui allaient obliger l'empereur Napoléon III à retirer sans délai ses troupes du Mexique et à laisser les Mexicains se gouverner à leur guise, ainsi que nous l'avons vu dans le chapitre V. Il nous fallut donc bientôt abandonner Guaymas comme tout le reste du pays.

IX.

LE 3e TIRAILLEURS ALGÉRIENS.

Combat de San-Lorenzo (8 mai 1863). — Un turco à Frœschwiller (6 août 1870).

Depuis leur création relativement récente et leur organisation à la suite de la conquête définitive de l'Algérie, nos tirailleurs algériens sont rapidement devenus populaires parmi nous. Ces indomptables soldats, qui depuis plus de trente ans ont prodigué leur héroïsme et leur sang sur les divers champs de bataille où nos armées ont été engagées — aussi bien en Italie, au Mexique, et en France en 1870, au début de l'année terrible, que sur la terre africaine — se sont toujours montrés admirables d'ardeur et d'entrain, sous la conduite de leurs officiers français.

On sait, en effet, que les tirailleurs algériens — les turcos, comme on les appelle également — sont des Arabes, des soldats indigènes de notre grande colonie d'Afrique, réunis et disciplinés sous la conduite d'officiers détachés de notre armée régulière pour aller organiser, diriger et commander ces vaillants fils de l'Algérie : la plupart des sous-officiers de ces régiments sont également Français; pourtant les galons de caporal et de sergent sont attribués à un certain nombre d'indigènes.

Nouveaux venus dans l'armée française, les tirailleurs algériens ont rapidement conquis leur place parmi nos meilleurs et nos plus héroïques régiments. Un de leurs drapeaux, celui du 3e de l'arme, a reçu cette suprême distinction de la décoration de la Légion d'honneur à la suite de ce combat de San-Lorenzo dans lequel a été défaite l'armée de Comonfort. Comme la croix qui décore les étendards du 3e de zouaves et du 51e de ligne, celle-ci a été vaillamment gagnée par les turcos, qui luttaient d'émulation avec leurs camarades de ces deux autres régiments. Deux drapeaux et quatre fanions furent ce jour-là leur part de conquête.

A peine la charge à la baïonnette eut-elle été commandée, que les tirailleurs algériens s'élancèrent sur les Mexicains. Rien ne put briser ou arrêter leur élan. Leur masse compacte fit une trouée sanglante dans les rangs des ennemis, qui, disloqués par un tel choc, se rompirent aussitôt. Alors, pendant que les tirailleurs Ahmed-ben-Mijoub et Khenîl-ben-Ali se précipitaient chacun sur des porte-drapeaux mexicains, leur traversaient le corps de leurs baïonnettes et leur arrachaient des mains leurs étendards, quatre autres de leurs camarades s'emparaient un peu plus loin de la même façon de quatre fanions.

Telles furent les dramatiques et sanglantes circonstances dans lesquelles les soldats du 3e tirailleurs algériens méritèrent pour leur drapeau la décoration de la Légion d'honneur. Dans les divers autres combats auxquels ils prirent part, tant au Mexique qu'ailleurs, ils n'eurent pas toujours l'occasion et la bonne fortune d'enlever des drapeaux aux ennemis qu'ils avaient à combattre, mais ils furent constamment héroïques.

Le fait que nous allons faire connaître à nos lecteurs en est un éclatant exemple pris entre plusieurs autres. Bien qu'il ne se rapporte point d'une façon absolue au sujet de ce volume, il y touche cependant d'assez près, car il s'agit encore de la prise d'un drapeau ennemi qui n'a malheureusement pas pu être conservé par le héros qui l'avait conquis. Mais l'action d'éclat du brave turco demeuré inconnu est si belle, que nous ne pouvons résister au désir de la mentionner ici telle que l'a rapportée M. Karl Hammer.

C'était pendant la bataille de Frœschwiller, le 6 août 1870, au début de la guerre avec la Prusse. La bataille venait de s'engager.

« Le général Ducrot, raconte M. Karl Hammer, monte au clocher de Frœschwiller; sombre, les sourcils froncés, il regarde les dispositions de l'armée ennemie; déjà la canonnade couvre de fumée les collines; à travers son fracas formidable, on entend le pétillement enragé de la mousqueterie; à gauche, le soleil fait scintiller d'innombrables baïonnettes. Ce sont les Bavarois. Ils sortent à l'improviste de ces bois que l'on avait négligé d'éclairer; ils montent la côte de Langensoultzbach....

« A cette vue, le général descend du clocher, saute en selle, et part au triple galop. Il va se jeter, avec sa division, à l'encontre de cette marée qui s'avance et menace de tout submerger. En avant, les turcos! La côte est le théâtre de la plus épouvantable mêlée. Les Bavarois semblent surgir de chaque arbre et de chaque buisson; les éclairs des coups de fusil partent à bout portant, les crosses montent et descendent comme des fléaux sur cette foule hurlante, les baïonnettes se tordent dans les poitrines. Turcos et Bavarois se prennent à la gorge, et se roulent sur le sol avec des clameurs de rage. Deux fois la masse des assaillants est refoulée, deux fois elle s'écroule pour ainsi dire dans les ravins et les broussailles. Mais d'autres bataillons arrivent, qui remontent la pente, jonchée de morts. Les défenseurs sont débordés, ils cèdent....

« C'est à ce moment qu'un des turcos bondit comme un tigre au milieu des Allemands, tue le porte-étendard et s'empare du drapeau. Dix soldats se précipitent sur l'Africain; il n'abandonne pas sa conquête, et, cramponné à la hampe, sanglant, terrible, il secoue la grappe humaine qui s'est attachée à lui. On fait feu sur l'intrépide turco ; il tombe sans lâcher prise, et c'est seulement quand il a perdu connaissance, frappé de quatorze balles, que l'on peut arracher le drapeau à ses doigts crispés.

« Contre toute croyance, le brave turco ne mourut pas de ses blessures. Ramené sur la côte de Langensoultzbach, il fut porté à Frœschwiller, et soigné avec tant de dévouement par les habitants et par les sœurs des écoles voisines, qu'il échappa à la mort et guérit même assez vite ; trop vite, car il dut aussitôt partir pour la Prusse avec un convoi de prisonniers. A-t-il péri en route par suite des mauvais traitements, ou a-t-il succombé, dans quelque ville allemande, au froid, à la maladie, à la misère? A-t-il essayé de s'échapper et payé de la vie une audacieuse tentative? Je ne sais. Toujours est-il qu'on n'a plus entendu parler de lui, et que la bravoure du pauvre diable, comme celle de beaucoup d'autres, est restée sans gloire et sans récompense, choses auxquelles, d'ailleurs, il n'avait sans doute jamais songé. »

X.

LE 57e DE LIGNE.

Bataille de Rezonville.

(16 août 1870.)

Ce fut à la sanglante bataille de Rezonville — que les Allemands appellent bataille de Mars-la-Tour — que fut accomplie par le sous-lieutenant Chabal l'action d'éclat qui valut au drapeau du 57e de ligne d'être décoré de la croix de la Légion d'honneur. Mais, avant de faire connaître cet épisode héroïque des héroïques combats livrés sous Metz par la valeureuse armée que — malheureusement pour la France — commandait le maréchal Bazaine, il n'est pas inutile de jeter un rapide coup d'œil sur l'ensemble des opérations de cette armée depuis le début de la guerre.

On sait que, lorsque le gouvernement de Napoléon III déclara la guerre à la Prusse le 19 juillet 1870, tout avait été préparé pour faire une guerre offensive en Allemagne et que rien n'était prévu pour subir chez nous une guerre défensive. Aussi, lorsque le maréchal Bazaine eut laissé écraser sans secours son avant-garde, commandée par le général Frossard, à Forbach-Spickeren, le 6 août, et que l'armée d'Alsace eut été, les 4 et 6 août, glorieusement vaincue à Wissembourg et à Reichshoffen par les masses allemandes, nos deux principales armées durent se replier en toute hâte vers l'intérieur de la France pour s'y reformer, laissant ainsi ouvertes à l'invasion nos deux provinces d'Alsace et de Lorraine.

Bazaine se retira jusqu'à Metz, avec l'intention apparente de gagner Verdun pour, de là, aller opérer sa jonction avec Mac-Mahon à Châlons. Nous disons l'intention *apparente*, car il a été malheureusement prouvé depuis que le maréchal n'avait jamais eu d'autre objectif que Metz, dans l'espoir chimérique de devenir un homme indispensable dans l'état de désarroi où se trouvait alors la France, et surtout dans le désir bien arrêté de ne partager avec personne le commandement supérieur des troupes. Aussi, malgré trois sanglantes batailles livrées en cinq jours — Borny, Rezonville et Saint-Privat — batailles qui furent de véritables succès pour nos soldats, le commandant en chef de l'armée de Metz ne chercha-t-il point d'une façon sérieuse à effectuer sa retraite sur Verdun, retraite qui demeura possible au moins jusqu'au 19 août, mais s'immobilisa-t-il avec 200,000 hommes sous les murs de la malheureuse ville dont il causa la perte en laissant enfermer son armée dans le blocus d'une place approvisionnée pour résister à un long siège avec une garnison ordinaire, mais non avec une armée considérable qui n'était pour elle qu'un surcroît de bouches inutiles.

Déjà, le 14 août, à Borny, malgré une attaque furieuse de l'armée allemande, tous nos corps d'armée, après douze heures de lutte acharnée, avaient le soir conservé leurs positions et pouvaient le lendemain hâter leur marche sur Verdun.

Loin de là ; toutes nos troupes passèrent la journée du 15 dans l'inaction, pendant que les Prussiens profitaient de l'armistice qu'ils avaient sollicité afin d'enterrer leurs morts, pour traverser la Moselle et essayer de nous couper la retraite.

Ces mouvements de nos ennemis avaient été signalés au maréchal Bazaine dès le 15 août par les commandants de nos 2e et 6e corps : il en était donc bien prévenu, et il lui était facile de deviner les intentions de l'armée allemande; cependant il laissa à l'ennemi toute facilité pour venir lui barrer le chemin.

Et pourtant, malgré toutes les négligences et les fautes du commandant en chef, le lendemain 16 fut marqué par une série de succès remportés par nos vaillants soldats ; succès sanglants et inutiles, hélas ! mais enfin, ce jour-là encore, sur tous les points où nous fûmes attaqués, à Rezonville, à Vionville, à Mars-la-Tour, à Gravelotte, nous demeurâmes maîtres du terrain. La lutte fut acharnée et s'étendit sur un grand espace ; car, le 16 août, eut lieu, non seulement une bataille, mais une série de plusieurs combats successifs ou simultanés, tous très meurtriers.

Ce fut donc une incontestable et glorieuse victoire pour nous que la bataille de Rezonville, dans laquelle les Allemands éprouvèrent des pertes considérables. Toutefois, ce jour-là encore, nous avions été surpris par l'ennemi.

En effet, vers neuf heures du matin, un escadron de notre 12e dragons, en grand'garde à la ferme de Flavigny, aperçut au loin divers pelotons de cavalerie allemande se dirigeant du côté de Vionville et de Mars-la-Tour. Peu après, ce furent les tirailleurs ennemis qui s'étendirent rapidement sur les crêtes de Tronville. Presque au même instant, un coup de canon se fait entendre, suivi aussitôt de plusieurs autres, et les obus pleuvent de tous côtés sur les soldats du 2e corps français. C'étaient les IIIe et Xe corps allemands, sous les ordres des généraux von Alvensleben et von Voigts-Rhetz, qui avaient traversé la Moselle dans la matinée et s'avançaient à marche forcée pour nous couper la retraite sur Verdun. La canonnade commencée allait maintenant se faire entendre sans discontinuer jusqu'à neuf heures du soir, — pendant douze longues et mortelles heures.

Quant à nos soldats, ils s'attendaient si peu à l'arrivée de l'ennemi, qu'ils étaient tranquillement en train de prendre le repas du matin. Le premier moment de confusion une fois passé, chacun, furieux d'avoir été surpris au moment de manger la soupe, se prépara à faire vaillamment face à l'ennemi, et la bataille commença, engagée surtout à la gauche de notre cavalerie, entre Vionville et Rezonville, à l'ouest de cette dernière localité, des deux côtés de la grande route sud de Metz à Verdun.

Il n'entre point dans notre intention de raconter en détail cette journée — glorieuse pour nos soldats, mais triste quand même pour la France, parce que le chef suprême en qui tous avaient mis et mettaient toujours leur dernier espoir n'a pas su ou voulu en profiter. — Nous nous bornerons donc, avant de donner tous les détails de l'exploit du sous-lieutenant Chabal, à faire connaître à quel instant palpitant du combat ce héros du 57e de ligne a capturé le drapeau du 16e régiment prussien, — le seul, pour ainsi dire, dont nous nous soyons emparés pendant l'année terrible (1). Nous laissons la parole à M. Alfred Duquet.

« Il est cinq heures, raconte-t-il dans le remarquable ouvrage qu'il a publié sur les *Grandes Batailles de Metz*, les Allemands n'ont pas fait un pas depuis la prise de Flavigny (effectuée par les nôtres vers une heure de l'après-midi) ; tous leurs efforts se sont brisés sur les nombreux bataillons que nous avons à leur opposer. Le 2e corps se tient à l'est de Gravelotte, surveillant toujours la route d'Ars à Gravelotte, sans que son chef ait l'idée d'envoyer quelques cavaliers pour savoir si l'ennemi n'entreprendrait pas une diversion de ce côté. Non, la route est libre, mais nous sommes dans l'ignorance de ce qui s'y passe.

« La 2e brigade de voltigeurs, les zouaves, la majeure partie de la cavalerie de la garde sont autour de la *Maison de Poste*, devant le bois des

---

(1) Un autre drapeau prussien, celui du régiment du roi Guillaume, fut pris dans les combats livrés en janvier 1871 pour défendre Dijon contre la brusque attaque du général Kettler. Ce furent les Garibaldiens qui s'en emparèrent. On sait que dans ces combats les soldats de Garibaldi repoussèrent les Prussiens avec le plus grand héroïsme.

Ognons, également libre d'Allemands et partiellement occupé par une brigade de la division Montaudon. Les généraux de Fortou et de Valabrègue sont derrière la *Maison de Poste*. La 1re brigade de voltigeurs garnit les bâtiments de Rezonville et lie sa gauche à l'autre brigade de la division Montaudon. Le général Lapasset se tient en avant du général de Montaudon, couvert lui-même par les grenadiers de la garde, qui défendent héroïquement, avec l'appui de la réserve d'artillerie, les débouchés de Gorze et le sanglant mamelon que les Prussiens n'ont pu encore emporter. A l'ouest de Rezonville, à cheval sur la grande route, l'artillerie de la garde étage ses batteries sous la protection de la division Levassor-Sorval, du 6e corps. Les divisions Lafont de Villiers et Tixier, de même que le 9e de ligne, seul régiment présent de la division Bisson, sont embusqués sous les bois de Villers, près de la *voie romaine*. La division Aymard, du 3e corps, relie le général Tixier au 4e, faisant face au bois de Tronville. La division Nayral quitte le maréchal Lebœuf, sur l'ordre de Bazaine, et passe devant Villers-au-Bois pour aller renforcer les innombrables bataillons de notre gauche. La brigade de cavalerie de Juniac entoure Saint-Marcel.

« Quant au 4e corps, qui ne se composait que des divisions Grenier et de Cissey, il défendait le ravin coupant le plateau, du bois de Tronville à la ferme de Grizières, ayant derrière son infanterie les divisions de cavalerie Legrand et de Clérembault, la brigade de France et le 2e chasseurs d'Afrique. « En somme, dit le colonel Lecomte, « la situation tournait plutôt en faveur des Fran-« çais. Entre cinq et six heures, la ligne des « positions des deux parties se dessinait à leur « avantage sur tout le front, sauf à Vionville, « point décisif, il est vrai. Partout aussi, et « même devant Vionville, ils se présentaient « avec des effectifs prépondérants. »

« Revenons maintenant à l'armée ennemie, et jetons les yeux sur les positions occupées par les renforts qui viennent de lui arriver. La XXXe brigade (colonel de Rex) de la XVIe division (de Barnekow) du VIIe corps, Ire armée, apparaissait sur la route de Gorze, en avant du bois Saint-Arnould. Derrière cette brigade, le régiment no 11, du IXe corps, entrait dans les taillis de

Tronville. La division Stüplnagel, épuisée, couvrait de ses débris l'espace compris entre le bois Saint-Arnould et Flavigny, protégeant encore la longue ligne d'artillerie qui se déroulait au-dessus d'elle. La division de Buddenbrock se cramponnait à Vionville, quatre brigades de cavalerie stationnaient derrière les Ve et VIe divisions.

« Le Xe corps avait sa XXe division dans le bois de Tronville. La brigade Lehmann et un régiment de la VIe division se remettaient de leurs sanglants engagements aux alentours de Tronville. La brigade de Wedell était disposée en éventail, au nord de Mars-la-Tour. La XIe brigade de cavalerie et quelques escadrons se tenaient non loin de Tronville.

« On constate que nous avons toujours une supériorité écrasante : treize divisions d'infanterie, en comptant la brigade Lapasset, et le 9e de ligne, de la division Bisson, plus cinq divisions de cavalerie contre cinq d'infanterie, plus deux divisions de cavalerie et quelques régiments ne représentant pas une division, soit dix-huit contre huit.....

« Mais continuons le récit de cette terrible journée. La brigade de Wedell pousse droit sur le général Grenier, retranché à Grizières et couvert par le ravin. Les régiments westphaliens, franchissant l'obstacle, apparaissent au sommet de la crête. Une grêle de balles les accueille, et le général de Cissey, « débouchant au pas de course « à la droite de la division Grenier, se rue aussitôt sur la brigade prussienne, déjà épuisée « d'efforts. L'action dure quelques minutes à « peine, au bout desquelles le 16e régiment est « contraint, le premier, de faire sonner la retraite. « Les débris de ces braves bataillons se laissent « glisser dans le ravin ; l'adversaire, marchant « jusqu'à la crête, les foudroie de ses feux et les « anéantit presque totalement. » (*La Guerre franco-allemande.*) Général, colonels, majors tombent tour à tour. « Tous les chefs de grade supé- « rieur sont démontés ; la plupart des officiers « sont déjà morts ou blessés. Nous ramassons « 370 prisonniers, et le sous-lieutenant Chabal, « du 57e de ligne, capture le drapeau du 16e prus- sien. » (Colonel Lecomte.) Cette tentative mettait au général de Wedell 72 officiers et 2,542 hommes hors de combat. Selon l'expression de M. de Moltke, à propos de la charge des cuirassiers à

Morsbronn, la brigade de Wedell pouvait être regardée comme anéantie. »

« Dans leur retraite, déclare de son côté le major Hoffbauer, les Prussiens furent détruits jusqu'à dissolution complète. Sur 95 officiers et 4,500 hommes, 65 officiers et 2,600 hommes, dont 350 prisonniers, payèrent de leur personne cet épouvantable échec. »

Voici maintenant le récit tout vibrant de patriotisme fait par M. Dick de Lonlay, dans *Français et Allemands*, de l'héroïque et glorieux épisode de la prise d'un drapeau allemand. Il serait dommage de ne pas donner en entier cet intéressant récit.

« L'entraînement de la lutte (dans le ravin de Grizières), raconte-t-il, a été si grand, qu'on a vu même des officiers, des sous-officiers de notre 4e corps, que des emplois particuliers pouvaient en dispenser, vouloir quand même avoir leur part de combat. Ce fait, qu'on n'admettrait plus aujourd'hui, avec l'organisation actuelle, a été, pour ainsi dire, général à l'armée de Metz. C'était à qui ne serait pas retenu en arrière par quelque fonction ou service auxiliaire.

« C'est ainsi qu'un officier d'un régiment de la

brigade de Goldberg, le sous-lieutenant Chabal, du 57e de ligne, faisant fonctions d'officier payeur et n'ayant, par conséquent, pas de troupe à conduire, a pris un fusil et combattu comme un simple soldat.

« Suivant son régiment, il se laisse glisser le long de l'escarpement à la poursuite des Prussiens.

« A peine arrivés dans le grand ravin, les soldats français peuvent contempler leur ouvrage. Le fond de ce ravin, ainsi que les pentes, sont couverts de monceaux de morts et de mourants revêtus de l'uniforme bleu sombre à collet rouge et pattes d'épaule bleu céleste. Le sol est jonché de fusils brisés, de casques défoncés, de baïonnettes tordues et gluantes de sang, car de nombreux Allemands se sont enferrés sur les baïonnettes de leurs camarades en roulant du haut de l'escarpement dans le fond du ravin.

« Les réserves ennemies ne tiennent plus ; les Prussiens fuient en désordre dans la direction d'un bois voisin, où l'on voit se mouvoir des masses d'infanterie, bientôt dispersées par le feu de nos chasscpots.

« L'enthousiasme est à son comble chez nos soldats, qui recueillent en chemin les trophées abandonnés par l'ennemi.

« Soudain le sous-lieutenant Chabal aperçoit à une dizaine de pas de lui un porte-drapeau prussien renversé par une balle ; en deux enjambées l'officier français est sur lui ; saisissant alors le drapeau, il tente de l'arracher des mains de son adversaire ; mais celui-ci lui oppose une vive résistance et l'oblige à rompre la hampe pour s'emparer de ce trophée.

« Cette lutte inégale est de courte durée. L'officier français n'a pas à faire usage de son fusil contre un ennemi blessé, que son pied maintient à terre, et qui ne songe d'ailleurs qu'à conserver son drapeau.

« Le sous-lieutenant Chabal laisse seulement entre les mains du porte-drapeau prussien un morceau de hampe de quarante à quarante-cinq centimètres de longueur, que les Allemands recueillirent pieusement et à l'extrémité duquel ils adaptèrent plus tard, à l'aide d'une bague d'or, le nouveau drapeau du 2e bataillon du 16e régiment hessois.

« Toutefois, notre brave officier a emporté la partie supérieure comprenant la hampe diminuée, l'étoffe et les cravates en soie, les franges et les glands en argent, l'écusson et la lance dorée, le tout horriblement mutilé.

« A ce moment, nos régiments *sonnent au drapeau* ; on rallie les troupes. Appelé de divers côtés par des officiers de son régiment qui, blessés, désirent lui confier de l'argent pour leur famille, le sous-lieutenant Chabal (1) est obligé de traverser plusieurs fois le champ de bataille et même d'aller jusqu'à l'ambulance de Bruville, toujours chargé de son précieux trophée.

« Mais, épuisé par les fatigues de cette rude journée, il doit se servir d'un aide pour porter ce drapeau. Et comme l'élément comique côtoie presque toujours le drame, l'aide dont il se sert est un sous-officier hessois, son prisonnier, un colosse qui s'est volontairement rendu et qui s'acquitte de cette désagréable corvée de la meilleure grâce

(1) N'oublions pas que le sous-lieutenant Chabal était officier payeur, et, comme tel, chargé de la tenue des actes de l'état civil de son régiment.

du monde, jusqu'au moment où M. Chabal peut enfin remettre le drapeau à son colonel, qui le fait parvenir aussitôt au général de Cissey. »

Pendant plus d'un mois, le drapeau du 2e bataillon du 16e régiment hessois resta exposé sur l'esplanade de Metz, avec les deux pièces de canon prises le 18 août à Saint-Privat par la division Grenier. Ce trophée est aujourd'hui accroché à la voûte de la chapelle des Invalides.

En 1870, dès la déclaration de guerre, un patriote français, M. Joly-Polard, de Jussy (Aisne), avait versé une somme de *deux cents francs* pour être remise, à titre de don patriotique, au soldat français qui prendrait le premier drapeau prussien sur un champ de bataille.

Onze ans plus tard, en 1881, ce legs fut délivré à M. le capitaine Chabal, de la garde de Paris, sous la forme d'un revolver d'honneur, portant gravée sur une plaque de cuivre cette inscription :

« Arme d'honneur décernée par le ministre de la guerre, au nom de M. Joly-Polard, au capitaine Chabal, qui a pris un drapeau à l'ennemi, le 16 août 1870. »

Malgré les nombreux renforts reçus par les Allemands pendant toute la dernière partie de la journée et les attaques furieuses dont furent alors de nouveau l'objet nos vaillants soldats, ceux-ci ne cédèrent pas un pouce de terrain et demeurèrent encore maîtres du champ de bataille. N'oublions pas toutefois de mentionner en passant le combat de cavalerie dans lequel, vers six heures du soir, près de 9,000 cavaliers des deux armées se chargèrent avec fureur et s'entr'égorgèrent avec un terrible acharnement.

Toute la journée du 16 août fut d'ailleurs très meurtrière, surtout pour les Allemands, qui avouèrent 25,000 hommes hors de combat ; les pertes de l'armée française furent de 17,000 tués ou blessés.

Malgré ces pertes sensibles, l'armée pouvait encore le 17 se mettre en marche sur Verdun. Aucun ordre de départ ne lui fut donné, et, dès le lendemain 18, elle eut à repousser à Saint-Privat-la-Montagne une nouvelle attaque encore plus furieuse des forces allemandes, conduites par le roi de Prusse en personne, qui s'était empressé d'accourir avec de nouveaux corps d'armée. Jusqu'au soir, notre 6e corps — alors fort seulement d'environ 20,000 hommes — tint héroïquement en échec près de 100,000 Allemands, qui l'assaillaient sans relâche. A la nuit, il dut cependant battre en retraite, pour ne pas se laisser tourner par ses trop nombreux adversaires. A Saint-Privat (ou Amanvillers) — bataille que les Prussiens appellent Gravelotte — notre 6e corps seul céda du terrain. Tout le reste de l'armée demeura sur ses positions.

Eh bien! malgré tout son héroïsme et ses succès, cette vaillante armée se vit pendant deux mois immobilisée inutilement sous les murs de Metz. A peine quelques sorties — Noisseville le 31 août, Saint-Remy et Ladenchamps les 2 et 7 octobre — permirent-elles à ces valeureux soldats de se mesurer encore avec les Prussiens et de combattre rageusement les envahisseurs de la patrie. Puis, le 27 octobre, ce fut la capitulation, cette capitulation honteuse de près de 200,000 hommes, dont l'armée de Metz n'est certes pas responsable, et enfin la dure captivité en Allemagne, pendant que la France et Paris luttaient usqu'au dernier moment pour sauver au moins honneur.

Sombres jours que ceux de l'année terrible !.... Et cependant ces sombres jours furent bien souvent témoins de nombreuses actions héroïques. Le fait d'armes du sous-lieutenant Chabal en est une preuve.

XI.

ENCORE LE 3e DE ZOUAVES.

Combat de Palestro

(31 mai 1859.)

Parmi les neuf vaillants régiments dont les drapeaux portent fièrement la croix de la Légion d'honneur fixée à leur hampe, il en est un, le 3e régiment de zouaves, qui a, en outre, héroïquement gagné une autre décoration. Avant d'avoir mérité la croix française, son étendard avait déjà reçu du roi Victor-Emmanuel la médaille d'or de la Valeur militaire de Sardaigne, en souvenir de la brillante conduite du régiment à Palestro. Nous lui devons bien pour cela un chapitre supplémentaire.

On sait que, au début de la campagne d'Italie, à Verceil et à Palestro, l'armée sarde ou piémontaise eut pendant deux jours à soutenir presque seule le choc des Autrichiens. Quelques troupes françaises prirent cependant part à ces combats, qui furent le début de nos succès dans la campagne d'Italie, entre autres les soldats du 3e de zouaves qui, comme on va voir, se conduisirent héroïquement le 31 mai, suivant leur habitude.

« Cette journée du 31 mai, écrivait du champ de bataille le correspondant du journal *le Siècle*, restera comme une date glorieuse dans les annales de la guerre d'Italie : le 3e régiment de zouaves s'est immortalisé par un fait d'armes qui égale, s'il ne surpasse, les plus beaux de notre histoire militaire.

« Le roi Victor-Emmanuel se préparait à attaquer Robbio, occupé par l'ennemi, lorsque les Autrichiens, qui voulaient prendre leur revanche de la défaite de la veille (à Verceil), se présentèrent en grand nombre. Victor-Emmanuel n'avait sous ses ordres que la division du général Cialdini, une partie de la division du général Fanti et le 3e régiment de zouaves. La division du général Trochu était à quelques pas du terrain de la bataille ; mais elle avait pour mission spéciale de protéger le mouvement de l'armée française, qui traversait la Sesia, et la circulation des convois de vivres et de munitions. La bataille, commencée à sept heures du matin, se continua jusqu'à neuf heures et demie avec des chances égales des deux côtés.

« Les zouaves étaient placés à deux mille mètres du champ du combat, et ils prenaient le café lorsque des éclats de boulets volèrent au milieu d'eux. Ils prirent aussitôt les armes et se portèrent en toute hâte en avant, traversant des *rizières* et sautant des fossés. Après avoir parcouru une distance d'environ quinze cents mètres, ils rencontrèrent un des affluents de la Sesia, et s'y précipitèrent. ayant de l'eau jusqu'aux épaules.

« Arrivés sur le bord opposé, ils virent se démasquer à trois cents mètres deux batteries autrichiennes pointées sur eux. Leurs cartouches étant mouillées, par suite du passage à gué de la rivière, il ne leur restait d'autre alternative que de fuir ou d'avancer la baïonnette au bout du fusil. Le clairon sonna la charge au moment même où les canons ennemis vomissaient des blocs de mitraille. Les zouaves se lancèrent sous le feu des pièces d'artillerie qui les fauchaient comme des épis. Trois cents mètres à traverser sous la mitraille ! Ils arrivèrent cependant sur les canons, tuèrent les artilleurs ennemis sur leurs pièces, culbutèrent tout ce qu'ils rencontrèrent et prirent huit pièces encore attelées.

« Le terrible choc des zouaves avait ébranlé l'ennemi ; les Piémontais firent le reste ; ils attaquèrent les colonnes autrichiennes de tous les côtés à la fois, les repoussèrent avec vigueur, et, à deux heures de l'après-midi, toutes leurs positions étaient perdues, les Autrichiens battaient en retraite devant des forces deux fois inférieures en nombre. Cette victoire a coûté cher aux alliés (franco-piémontais), surtout aux zouaves, qui ont laissé beaucoup des leurs sur le terrain. Le capitaine-adjudant-major Dru, que j'avais rencontré hier au soir à Verceil, a eu la tête emportée par un boulet, et quelques officiers sont grièvement blessés. Nos alliés aussi ont fait des pertes assez considérables.

« Quant aux Autrichiens, ils ont eu au moins 4,000 hommes mis hors de combat. Un grand nombre de leurs soldats, poursuivis le sabre dans les reins, se sont noyés en voulant traverser la rivière. « Il y a eu un moment, me disait un zouave qui « a pris part au combat, où la rivière était barrée « par les corps des hommes et des chevaux. »

« Ajoutez à cela onze cents prisonniers ennemis tombés dans les mains, soit des zouaves, soit des Piémontais. Verceil regorge en ce moment de prisonniers. L'ennemi compte parmi ses morts un général et beaucoup d'officiers. J'ai vu passer ce soir, vers huit heures, une douzaine d'officiers autrichiens prisonniers, qu'on conduisait au palais épiscopal pour être interrogés par le maréchal Vaillant. »

Les troupes alliées comptaient 12,000 combattants; les Autrichiens avaient 25,000 hommes....

Voici maintenant comment s'exprimait, à la date du 1er juin, la *Gazette piémontaise* au sujet de la conduite héroïque du 3e régiment de zouaves à Palestro :

« Ce régiment, dont nous avons déjà parlé, était à Verceil. Vers quatre heures et demie, il quittait la ville, chargé de suivre les mouvements de l'armée sarde et même de les appuyer au besoin. Après avoir campé toute la nuit en deçà d'une petite rivière, la Boyna, qui traverse la plaine avant Confienza, du côté de Verceil, il fut mis en éveil dans la matinée par le canon. Chassés de Palestro et de toute la campagne environnante, les Autrichiens avaient tenté de reprendre leurs positions perdues et s'étaient rencontrés de nouveau avec le corps d'armée piémontais, commandé par le roi Victor-Emmanuel en personne. Assaillis par les boulets de l'artillerie autrichienne, qui se trouvait à proximité de leur camp, les zouaves du 3e résolurent d'aller au-devant de l'ennemi. Le camp fut levé en toute hâte, et bientôt ces braves soldats arrivaient sur les bords de la Boyna.

« Le moment était venu de faire feu. Par malheur, le passage de la rivière avait détérioré les munitions, et presque toutes les cartouches renfermées dans les gibernes avaient été atteintes par l'eau. Mais on sait que pour les zouaves la cartouche n'est qu'un accessoire. Le cri de : *En avant!* retentit aussitôt dans les rangs des trois bataillons du 3e, et les zouaves répondent énergiquement : « A la baïonnette! » Trois cents mètres environ séparent les zouaves des Autrichiens. Cet espace est rapidement franchi ; l'artillerie ennemie a encore le temps de charger ses pièces à mitraille et de les décharger deux fois ; mais, à la troisième explosion, c'en était fait des servants des pièces. Ils étaient abattus à coups de crosse, à coups de baïonnette, et tombaient sur leurs canons, sans avoir eu le temps de se défendre.

« Cette attaque a été une des plus belles qu'aient jamais faites les zouaves, même en Afrique ou en Crimée. Malgré la mitraille qui labourait la plaine, fauchait les hommes en les frappant aux jambes, les rangs des assaillants se serraient toujours, et c'est en masse compacte que le 3e de zouaves arriva sur les batteries autrichiennes.

« J'ai vu sur ma route des convois de blessés autrichiens. Cinq pièces ont été enlevées, dont deux encore chargées, pendant que, de leur côté, les Piémontais qui tenaient tête au gros de l'armée ennemie se rendaient maîtres de trois belles pièces de douze. Les zouaves blessés que j'ai rencontrés sur la route de Palestro ont estimé très haut les pertes de leur régiment. Cependant, on m'assure que les hommes tombés n'ont que des blessures relativement légères, et qu'il faut porter tout au plus à deux cents les braves qui sont aujourd'hui séparés de leurs camarades.

« Le 3e de zouaves est fort de 2,500 hommes environ. Il est réputé comme l'un des mieux composés de l'armée. Tous ses hommes sont infatigables à la marche, et c'est lui qui, depuis le départ de Gênes pour Bobbio, n'a eu que quelques heures de repos par jour. C'est lui aussi qui partait hier, en chantant, de Verceil, emportant sur les sacs le pain, la viande, les légumes destinés au repas du soir. J'ai entendu d'ailleurs un mot qui peint admirablement la valeur de cette belle troupe, dont la marche à travers la Kabylie restera dans l'histoire de notre conquête africaine.

« — Le 3e de zouaves a beaucoup perdu, disais-je à un officier d'état-major ; on parle de cinq cents hommes.

« — Cinq cents hommes au 3e de zouaves?

Allons donc! Le régiment a deux mille cinq cents hommes; le colonel fera ce soir l'appel, et il en retrouvera *deux mille huit cents!* Ils repoussent!

« *Ils repoussent.* Voilà toute l'histoire résumée en un mot de nos braves régiments d'Afrique et de Crimée!...

« C'est particulièrement des acteurs de ce beau fait d'armes que je tiens les détails que je vous transmets. Sur la route de Palestro, pendant près de deux heures, je me suis rangé plus d'une fois pour laisser passer des charrettes portant des blessés. A tous les zouaves que j'apercevais, j'adressais des questions, et c'est ainsi que j'ai appris la mort du brave adjudant-major Drut, avec lequel j'étais resté la veille pendant une demi-heure, et la perte de plusieurs officiers et sous-officiers.

« Un caporal blessé au pied, et qui avait vu tomber son capitaine auprès de lui, m'a raconté la prise des canons ennemis. Il est tombé quand la déroute était complète. « J'ai pu, m'a-t-il dit, « donner au plus beau moment. Nous les avons « cloués sur leurs affûts, et peu s'en est fallu « qu'ils ne cherchassent à se cacher dans les

« canons! » Je n'ai pu arriver jusqu'à Palestro; mais je me suis arrêté à Torrione, qui est le quartier général du roi Victor-Emmanuel.... »

Enfin, toujours au même sujet, un autre correspondant écrivait encore ce qui suit :

« Les Piémontais occupaient, au-devant de Palestro, les positions qu'ils avaient vaillamment conquises hier. Dès le matin, les Autrichiens en nombre vinrent se jeter sur eux. Le combat s'engagea à fond, et dura acharné pendant six heures. Puis l'ennemi céda et fut repoussé au loin. Le roi Victor-Emmanuel a poursuivi les Autrichiens jusqu'à la dernière minute!

« Le 3e de zouaves, qu'on avait joint hier aux troupes du roi, peut inscrire sur son drapeau un de ces faits d'armes qui éternisent la gloire d'un régiment. Il était campé le long de la Bisogna, rivière presque sans eau, large et caillouteuse, comme presque toutes celles de ce pays. Tout d'un coup les boulets vinrent traverser les tentes. Les Autrichiens, que masquait un rideau de peupliers, avaient pu établir, sans être vus, une batterie d'artillerie sur la rive opposée; sans coup férir, les soldats, qui préparaient leur soupe, se jetèrent sur leurs fusils. Le commandement terrible : *A la baïonnette!* s'exécutait d'instinct en même temps qu'il se donnait. Sautant à l'eau, avançant indomptables sans tirer un coup de fusil, malgré les volées de mitraille qui les accablaient, malgré le terrain roulant sous leurs pieds, les zouaves, en quelques instants, avaient cloué les soldats ennemis sur leurs pièces et fait trois cents prisonniers.

« Six zouaves s'étaient détachés de la colonne et avaient marché sur une pièce d'artillerie isolée qui les prenait en flanc. Ayant par instant de l'eau jusqu'aux aisselles, nageant à demi, ils abordèrent. Cinq minutes après, autour de la pièce muette, tous les artilleurs ennemis étaient étendus morts. Un obus vint s'écraser contre la culasse du canon. Cinq zouaves tombèrent, et le sixième a raconté l'anecdote.... »

Ajoutons que le 3e de zouaves, qui a joué un rôle si important et si glorieux dans les deux combats livrés le matin et le soir à Palestro, était alors commandé par le colonel de Chabron.

Bien que nous venions déjà de présenter sous différents aspects le combat de Palestro, nous ne pouvons résister à l'envie de reproduire encore ici le récit de l'affaire fait par un zouave blessé, deux ou trois heures après le combat.

« Donc, racontait le modeste héros, nous étions bien tranquillement devant un ruisseau; voilà que cinq ou six cavaliers se font voir sur une hauteur : on se dit que bien sûr ce sont des hussards ennemis qui nous regardent, et on s'apprête à parler à ces curieux, histoire de causer. Mais voilà que tout à coup, et sans crier gare, un paquet de boulets nous arrive accompagné d'une grêle de balles. Les coquins avaient mis des canons sur la colline et leurs tirailleurs du diable dans les blés où l'on n'y voyait goutte. Pendant qu'on se regarde, voilà que la mitraille se mêle à la conversation. Le colonel voit d'où le coup part par la fumée. Les officiers se tournent vers nous :

« — Eh! zouaves, crient-ils, aux canons!

« Nous sautons tous dans le ruisseau. Mais on avait de l'eau jusqu'aux coudes, et voilà que nos sacs à cartouches prennent un bain; plus moyen de tirer un pauvre coup de fusil. Il y avait bien trois cents mètres à parcourir des batteries au ruisseau. Ah! ils sont bientôt franchis au pas gymnastique! Dame! on tombait un peu. La mitraille fauchait l'herbe autour du fantassin. En un clin d'œil on est en haut, et on tape, on cogne, on embroche. Un obus tombe, et cinq camarades qui étaient avec moi sautent en l'air. Voyez, j'ai de leur sang plein ma coiffure. Moi, j'avais le bras ouvert, mais les canons étaient à nous. »

Dès le lendemain du combat de Palestro, Sa Majesté Victor-Emmanuel, roi de Piémont et de Sardaigne, adressait la lettre suivante au brave colonel de Chabron, du 3e de zouaves :

« Torrione, le 1er juin 1859.

« Monsieur,

« L'empereur, en plaçant sous mes ordres le 3e régiment de zouaves, m'a donné un précieux témoignage d'amitié. J'ai pensé que je ne pouvais mieux accueillir cette troupe d'élite qu'en lui fournissant immédiatement l'occasion d'ajouter un nouvel exploit à ceux qui, sur les champs de bataille d'Afrique et de Crimée, ont rendu si redoutable à l'ennemi le nom de zouaves.

« L'élan irrésistible avec lequel votre régiment, monsieur le colonel, a marché hier à l'attaque, a excité toute mon admiration.

« Se jeter sur l'ennemi à la baïonnette, s'emparer d'une batterie en bravant la mitraille, a été l'affaire de quelques instants.

« Vous devez être fier de commander à de pareils soldats, et ils doivent être heureux d'obéir à un chef tel que vous.

« J'apprécie vivement la pensée qu'ont eue vos zouaves de conduire à mon quartier général les pièces d'artillerie prises aux Autrichiens, et je vous prie de les remercier de ma part. Je m'empresserai d'envoyer ce beau trophée à Sa Majesté l'empereur, auquel j'ai déjà fait connaître la bravoure incomparable avec laquelle votre régiment s'est battu hier à Palestro et a soutenu mon extrême droite.

« Je serai toujours heureux de voir le 3ᵉ régiment de zouaves combattre à côté de mes soldats et cueillir de nouveaux lauriers sur les champs de bataille qui nous attendent.

« Veuillez, monsieur le colonel, faire connaître ces sentiments à vos zouaves.

« VICTOR-EMMANUEL. »

Quelques jours après, Victor-Emmanuel, qui s'entendait en bravoure, dans le désir de montrer mieux encore sa haute et particulière estime pour l'héroïsme de tout le régiment, décorait solennellement le drapeau du 3e de zouaves de la médaille d'or de la Valeur militaire de Sardaigne.

Quatre ans plus tard, la croix de la Légion d'honneur prenait place à son tour à la hampe de ce glorieux étendard.

FIN.

TABLE.

FIN DE LA TABLE.

Rouen. — Imp. MÉGARD et Cie, rue Saint-Hilaire, 136.

www.ingramcontent.com/pod-product-compliance
Ingram Content Group UK Ltd.
Pitfield, Milton Keynes, MK11 3LW, UK
UKHW012035240726
13965UKWH00003B/818